Gregory Masurovsky

—

Dessins
Drawings

Ouvrage réalisé sous la direction de Somogy éditions d'art
Conception graphique : Jean-Luc Chamroux
Contribution éditoriale : Marie Sanson (français), Cathy Lenihan (anglais)
Fabrication : Michel Brousset, Béatrice Bourgerie, Mathias Prudent
Suivi éditorial : Marie Thomas

ISBN 978-2-7572-0147-3
Dépôt légal : février 2008
Imprimé en Italie (Union européenne)

Gregory Masurovsky

—

Dessins
Drawings

Traduction des textes
par Gregory Masurovsky

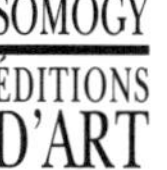

À la mémoire de
in memory of

Disraeli S. Masurovsky
1926-1947

Sommaire

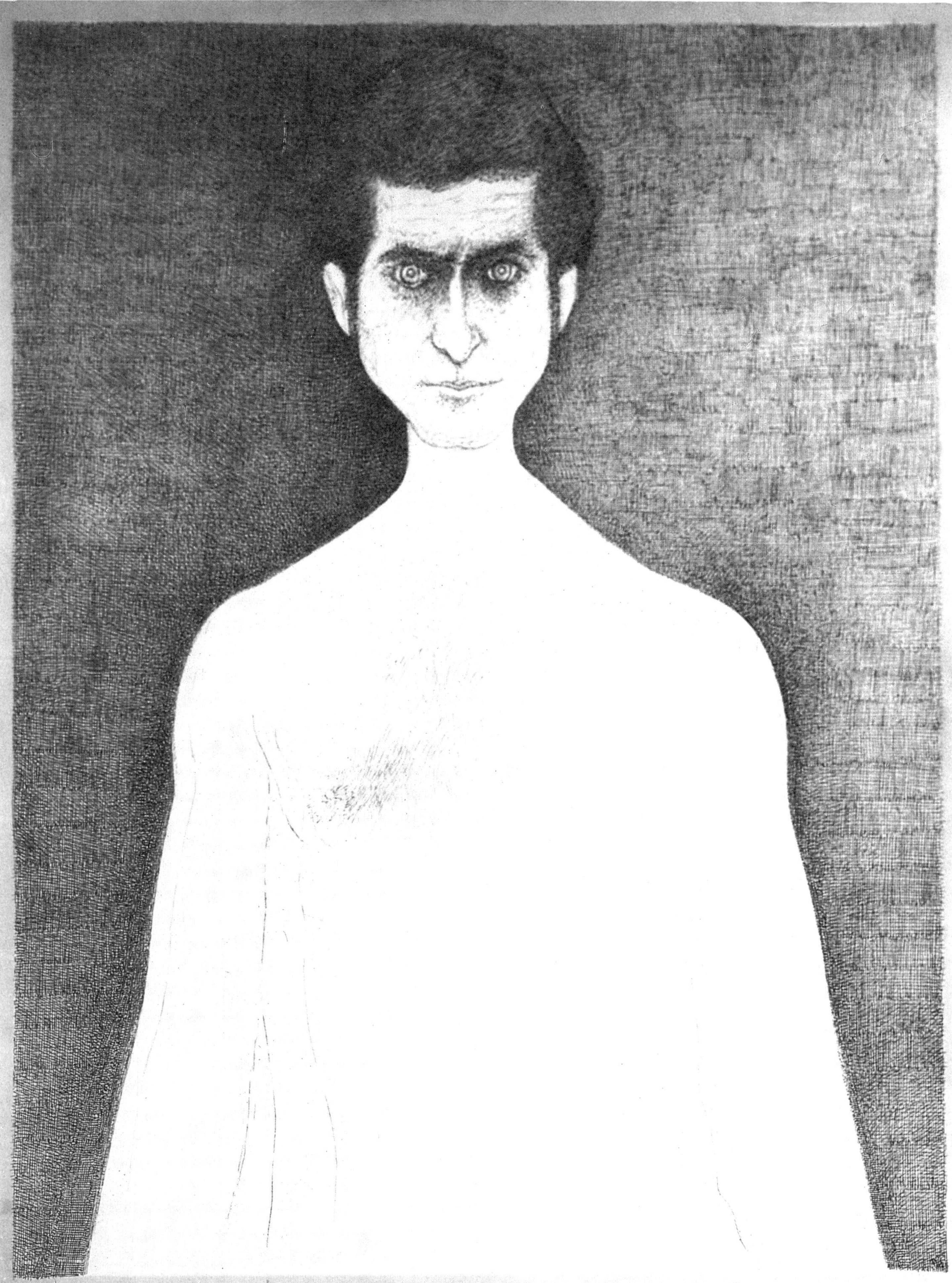

Autoportrait
1967
63 x 48 cm
—

Artiste américain installé à Montparnasse depuis une cinquantaine d'années, Gregory Masurovsky a choisi d'habiter un monde libre et simple fait d'encre et de papier. Une liberté d'exilé qui affine son geste et son regard, qui retient de la réalité les objets et les corps dépouillés de leur environnement, qui possède totalement son univers. Cette ascèse du dessin peut s'apparenter à l'économie de moyens de l'écrivain. Le noir de l'encre, le blanc du papier, la lumière, l'abstraction du geste qui se confond avec le trait de plume, focalisent le regard de l'artiste sur l'essentiel et lui épargnent des égarements bavards aux périphéries de l'art.

Un dessin de Masurovsky s'impose dans un silence exclusif. Le regard s'aiguise dans un va-et-vient entre le détail le plus infime, ce trait constamment répété, renouvelé, et les mouvements qui unissent ces associations de particules noires en un bruissement de lumière jusqu'à faire surgir, telle une apparition, le motif de la blancheur originelle du papier. Les objets comme les corps sont transfigurés par le traitement dynamique de la lumière qui les entoure et leur donne vie. Ils sont dans une relation privilégiée à l'espace, libérés des contingences quotidiennes. Dans le même instant, ils nous apparaissent familiers, intimes dans leur dépouillement. Nul ne peut oublier que leur fragile matérialité réside dans la multiplicité des gestes de l'artiste. En ce sens, les dessins de Masurovsky sont aux antipodes du trompe-l'œil. Ce n'est pas à une illusion de réalité que nous sommes conviés mais à la perception du dialogue entre les corps ou les objets avec la lumière. Les corps jaillissent de la matrice du papier, les membres, souvent invisibles, étant abandonnés aux prolongements de leurs diffusions dans l'espace, ces excroissances organiques de lumière qui leur offrent une résonance presque mystique.

An American artist, settled in Montparnasse for over fifty years, Gregory Masurovsky has chosen to dwell in a free and simple world made up of ink and paper. He is an exile at liberty who refines his gestures and his vision, who extracts from reality objects and bodies stripped of their environment, who totally possesses his universe. The asceticism of drawing can be related to the economy of means of a writer: the black ink, the white paper, the light, the abstraction of a movement becoming one with a pen stroke. Focussing the artist's view on the essential and sparing him the gossipy aberrations at the peripheries of art.

A drawing by Masurovsky emerges in an exclusive silence. The regard becomes more acute as it goes back and forth between the tiniest detail, the mark, constantly repeated, renewed, and the movements which bring together the associations of black particles into a murmuring of light, until arises, like an apparition, the motif of the paper's original whiteness. Objects, like bodies, are transfigured by the dynamic treatment of light that surrounds and bestows life upon them. In their privileged relationship with space, they are freed from everyday contingencies. At the same time, they seem familiar to us, intimate in their bareness. No one can forget that their fragile substance resides in the multiplicity of the artist's gestures. In this sense, Masurovsky's drawings are poles apart from trompe-l'œil. It isn't an illusion of reality to which we are invited, but to the perception of a dialogue between bodies or objects with light, bodies bursting forth from the paper's matrix, members, often invisible, being abandoned in the prolongations of their diffusions in space, those organic excrescences of light which confer upon them an almost mystic resonance.

L'Apparition de la Vierge et l'Enfant
2004
96x65 cm
—

Si Paris et New York forment l'univers géographique de l'artiste, celui-ci réserve ses rares paysages à des lieux marginaux de son existence, ceux des séjours loin de la ville. La montagne, qu'il aime pour sa qualité d'objet posé dans la nature, comme une matière brute offerte aux seuls mouvements de la lumière du ciel, comme un corps qui accueille la lumière dans ses pleins et ses creux. Les paysages abstraits, objets atmosphériques ou corps célestes, le libèrent un temps de la présence du modèle et jouent le rôle d'improvisations. Ils participent de cette quête des résonances lumineuses.

L'artiste reste fidèle à des thèmes développés depuis toujours, ceux qui dominent son œuvre: les natures mortes – les objets de son quotidien –, les nus – les torses bien souvent –, les paysages – les montagnes en particulier – et les rêveries cosmiques. Les portraits forment peut-être un genre qui, seul, se distingue des autres mais qui semble ne plus retenir l'attention de l'artiste. À l'inverse, les thèmes symboliques, la mort et les autoportraits plus nombreux ces dernières années, prolongent et croisent les recherches poursuivies par l'artiste pour ses nus et ses paysages cosmiques. Les passages entre ses thèmes nous sont offerts par des improvisations abstraites où le motif disparaît dans une nébuleuse contrastée de traits opposant des pleins et des vides traversés de mouvements centrifuges. C'est dans ces derniers que l'on observe le mieux cette diversité des traits de plume qui animent les surfaces et retiennent notre attention au niveau le plus intime du dessin. Les visages des nus, les premiers, avaient renoncé à leurs éléments sensoriels, les yeux, la bouche, pour s'étirer dans d'improbables chevelures de lumière. Désormais, les nus, devenus des bustes, ne laissent plus que leur empreinte évidée sur la feuille, souvenir immatériel de leur présence. Parfois un unique détail, l'extrémité d'un sein, organise la polarisation de la feuille entière. L'artiste se concentrant sur le vide sensuel que le corps organise autour de lui. Cette capacité à faire dialoguer dans la lumière, le corps ou l'objet avec sa silhouette, à établir une circulation visuelle entre les pleins et les vides, à renoncer à l'illusion de la présence réaliste de l'objet, à sa finitude dans l'espace, place l'œuvre de Masurovsky dans une filiation infiniment plus européenne qu'américaine. On pourrait songer dès lors à réunir ses dessins avec ceux de Georges Seurat et les dernières œuvres d'Alberto Giacometti pour cette affirmation de la transcendance du regard sur la matière.

Christophe Duvivier
Directeur des musées de Pontoise

If Paris and New York form the artist's geographic identity, he reserves his rare landscapes for places far-removed from his existence, those stays away from the city. The mountain, he likes for its quality of object posed as raw matter in nature, changing only beneath the sky's shifting light, as does a body welcoming light on its fullness and hollows. The abstract landscapes, atmospheric objects or celestial bodies, liberate him, for a time, from the presence of a model, playing the part of improvisations, participating in his quest of luminous vibrations.

The artist remains faithful to recurrent themes, those which dominate his work: still lifes (day-to-day objects), nudes (usually torsos), landscapes (particularly mountains) and cosmic dreams. Portraits form, perhaps, a genre that is set apart from the others but which no longer seems to claim the artist's attention. Conversely, symbolic themes, death and the more numerous self-portraits of these past years, prolong and overlap the research pursued by the artist in his treatment of the nude and cosmic landscapes. The passages between these themes are presented to us as abstract improvisations wherein the motif disappears in a nebula of contrasting marks where opposing forms and space are pierced by centrifugal forces. It is in these later works that one best observes the diversity of pen strokes that animate a surface and fix our attention on the most intimate level of the drawing. The faces of the earliest nudes have forsaken their sensorial elements – the eyes, the mouth – to be stretched into improbable strands of light. Now, the nudes have become busts, leaving only their emptied imprint on the page, an immaterial memory of their presence. Sometimes, a single detail, the extremity of a breast, will organize the polarisation of an entire page. The artist concentrates on the sensual void that the body forms around itself.

This capacity to evoke within light, the dialogue of a body or object and its silhouette, to establish a visual circulation between solids and air, to refuse the illusion of the realistic presence of an object, its limitations in space, situates Masurovsky's work in a filiation far more European than American. One could consider placing his drawings with those of Georges Seurat and the last works of Alberto Giacometti, in their affirmation of the transcendental contemplation of matter.

Christophe Duvivier,
Director of the Museums of Pontoise

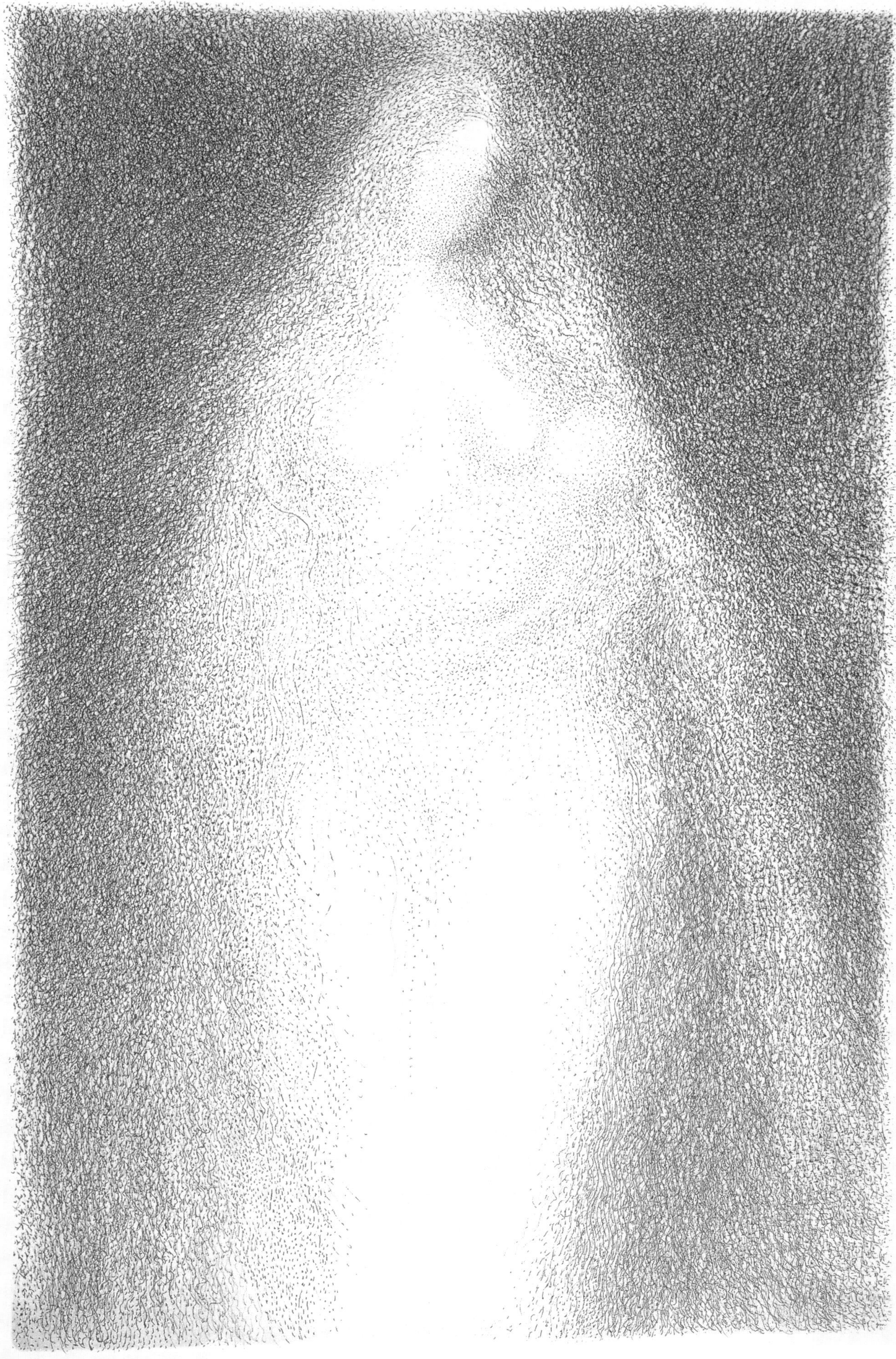

Dessiner, c'est l'aventure d'une main
qui raconte l'histoire d'une âme.

Drawing, is the adventure of a hand
recounting the history of a soul.

Chaque œuvre
est une nouvelle existence,
un nouvel «être».

Each work is a new existence,
a new "being".

Mon univers est tout ce qui se passe
entre la plume et le papier,
entre le noir et le blanc.

My universe is what takes place
between the pen and the paper,
between black and white.

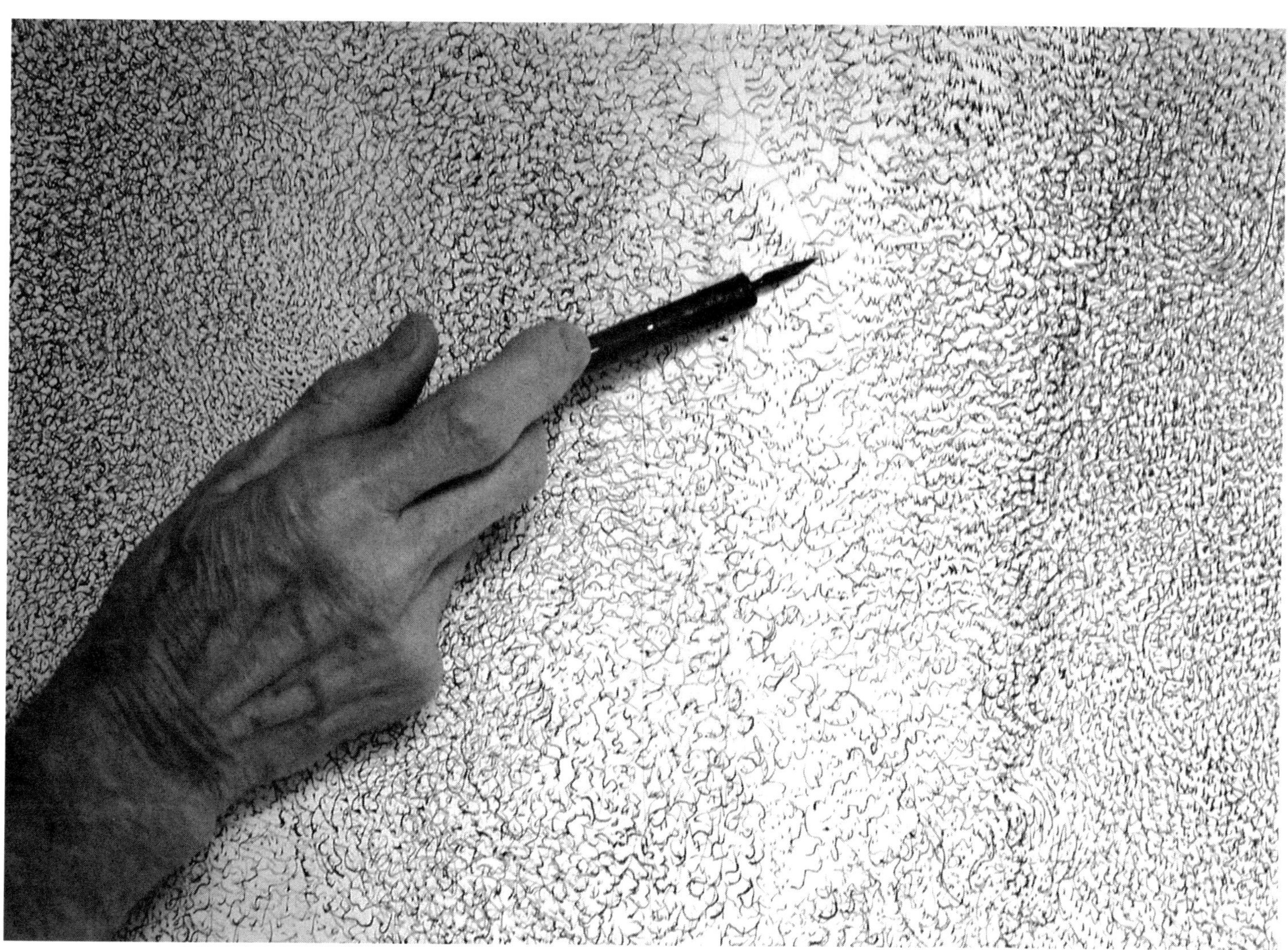

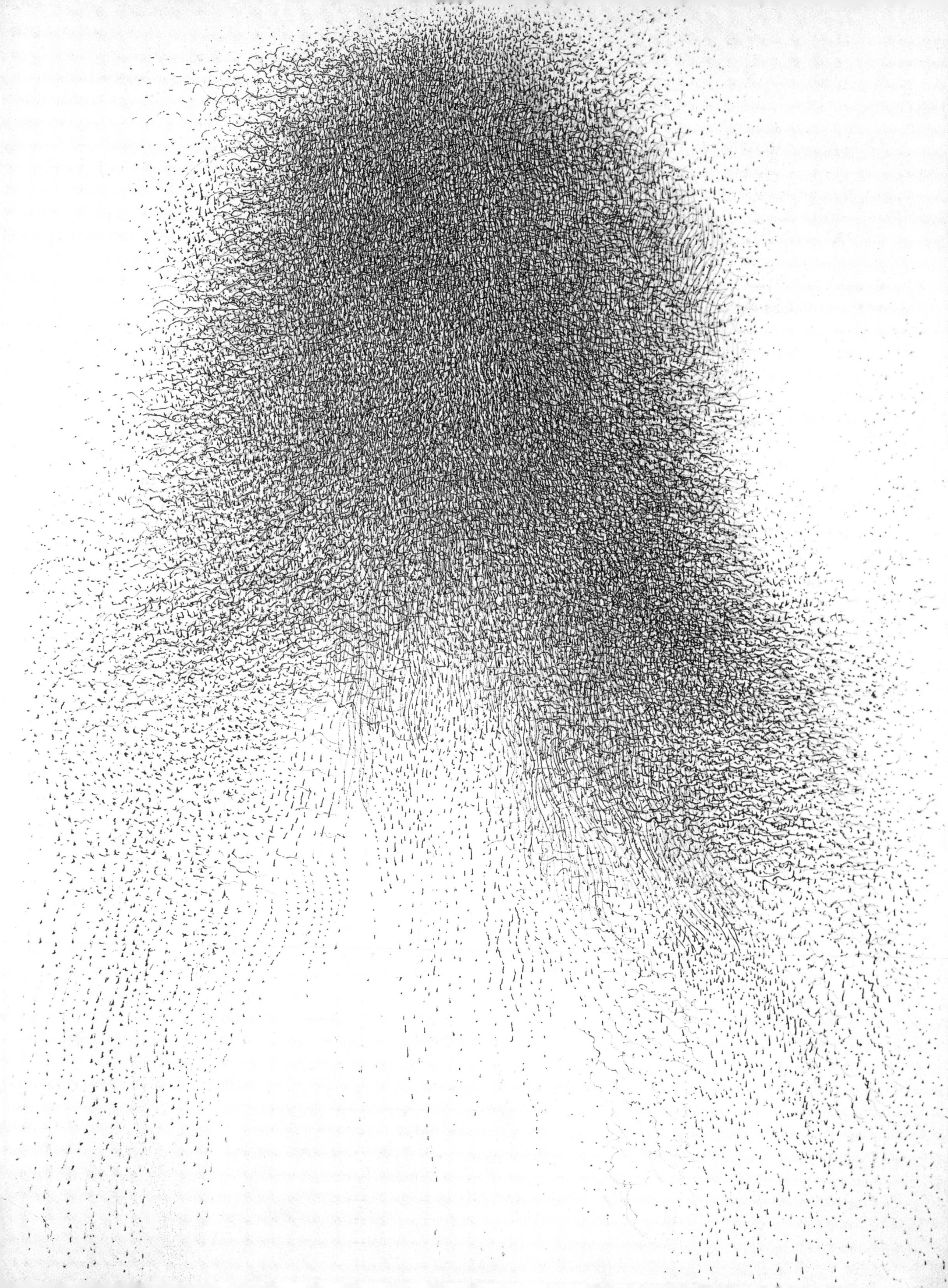

Figure
2003
63 x 48 cm
—

Qui dessine le moins de détails possible. Qui n'a pas de table sous la bouteille,

pas de chambre autour de la femme nue, pas de paysage derrière l'arbre.

L'ombre s'efface sous les objets ou chante son apparition soudaine. Les signes

minuscules deviennent gigantesques sous une source lumineuse bien localisée.

De connivence avec sa plume-amie et de l'encre noire et grise, il nous écrit son

journal intime :

Pudique et secret,
Inlassablement.

Christina Burrus
Commissaire indépendante

Who draws the fewest details possible. Who has no table under the bottle,

no room around the nude woman, no landscape behind the tree.

The shadow retreats under the objects or sings its sudden apparition. The minuscule

signs become gigantic under a well localized luminous source.

In complicity with his pen-friend and his black and grey ink, he writes us his

intimate journal:

untiring
secret and discreet.

Christina Burrus
Independent Curator

Les premières années 1950-1960
The First Years 1950-1960

Une image est l'expression
d'une pensée qui, à son tour,
devient matière à réfléchir.

An image is the expression
of a thought, which,
in turn, becomes food for thought.

Flore
1956
63 x 48 cm
—

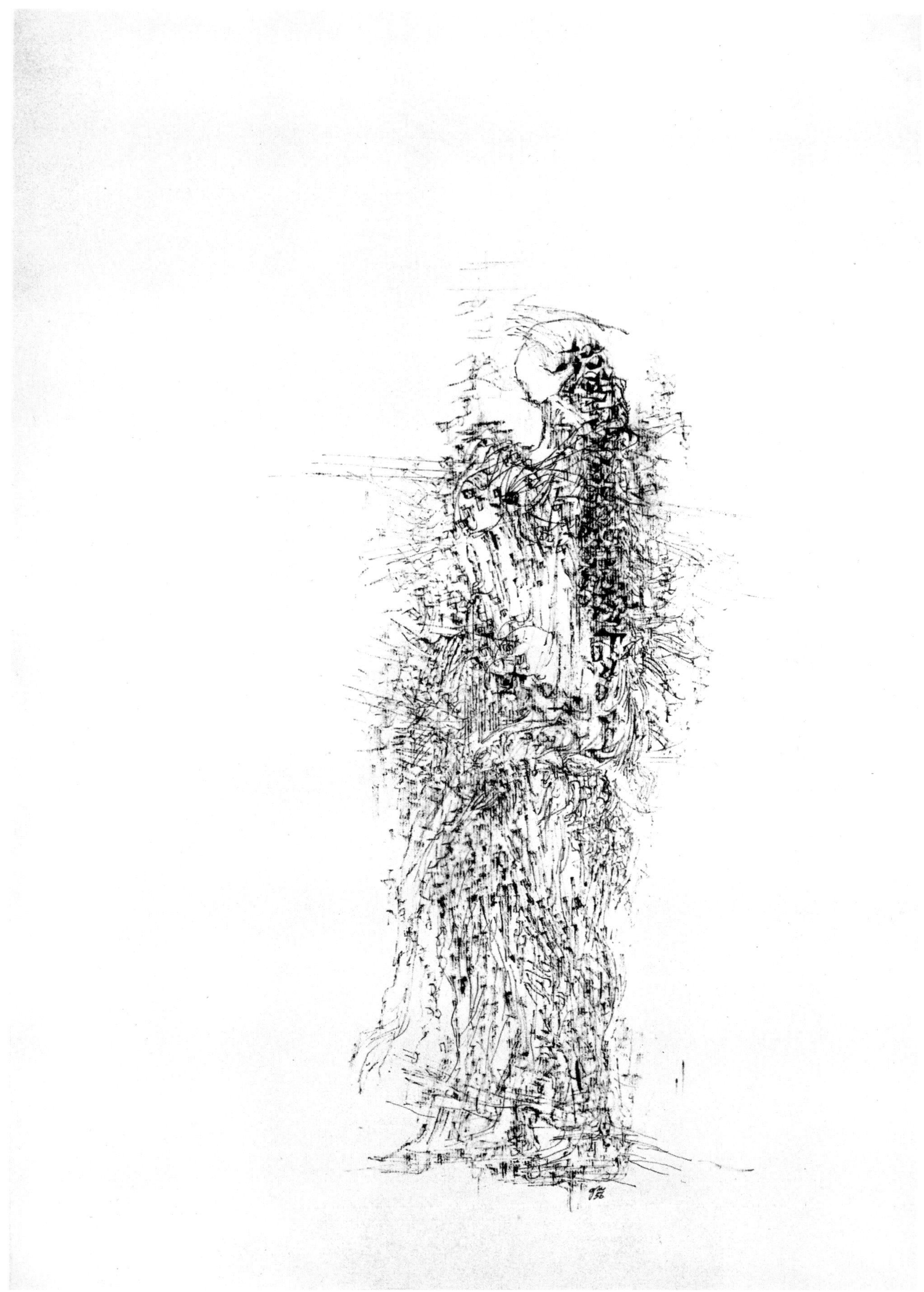

Marine
1962
63 x 48 cm
—

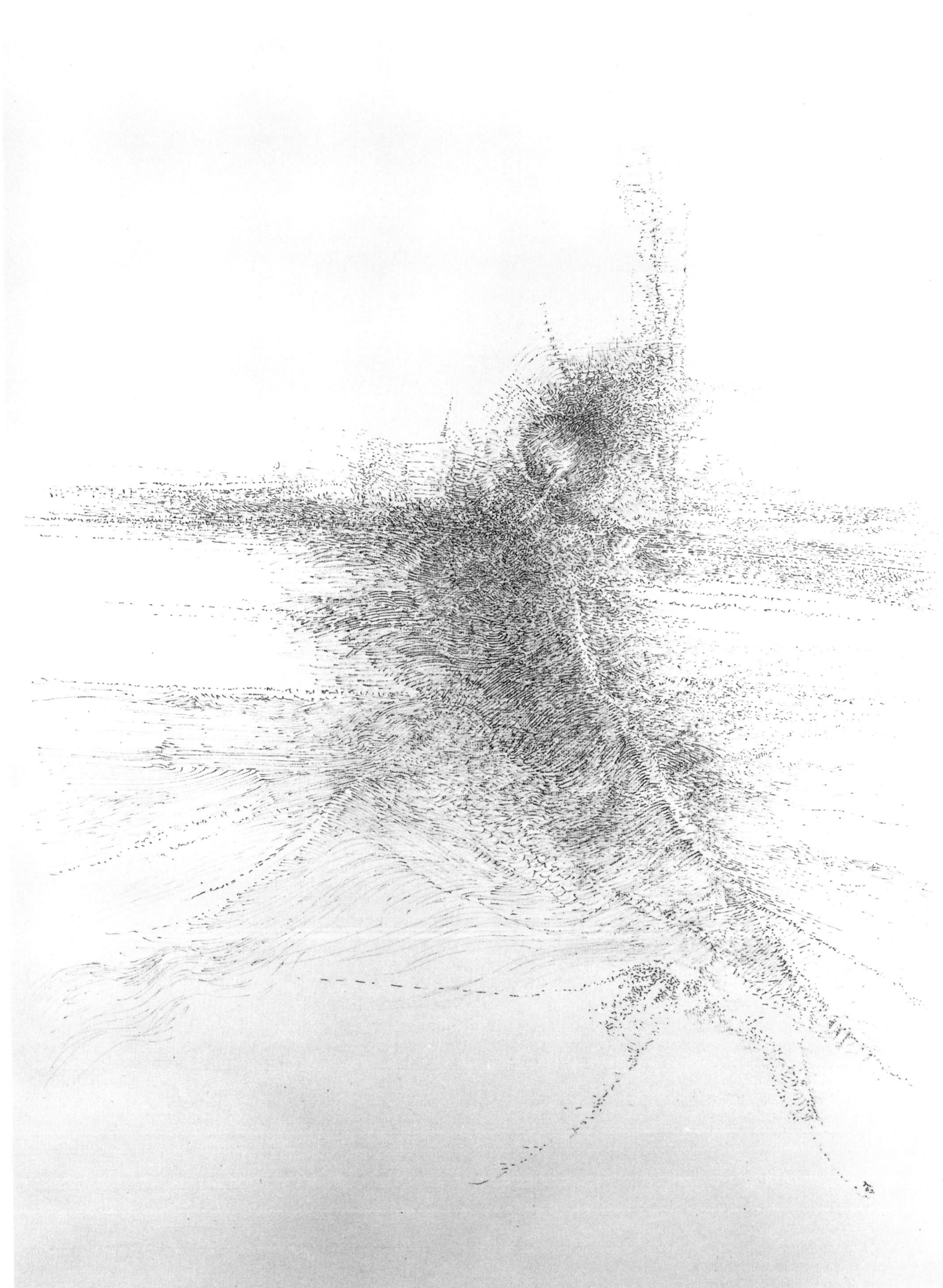

Voilier
1962
63 x 48 cm
—

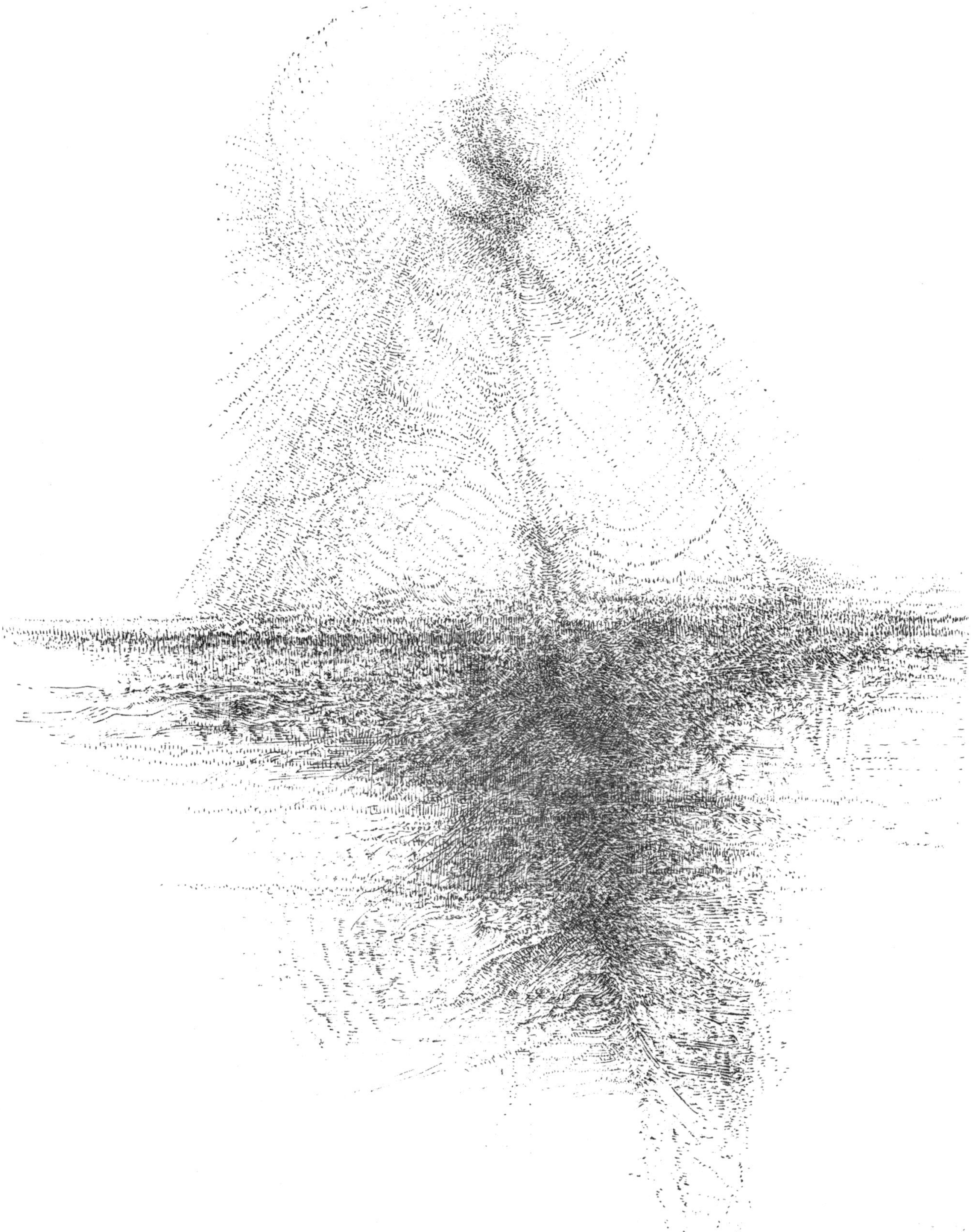

Je dessine ce que je sais
pour découvrir ce que je ne sais pas
de ce que j'ai pensé savoir.

I draw what I know
to find out what I don't know
about what I thought I knew.

Je cherche à créer des œuvres
qui vibrent avec le frisson de la vie.

I seek to create works that vibrate
with the tremor of life.

Le Tambour
1964
63 x 48 cm
—

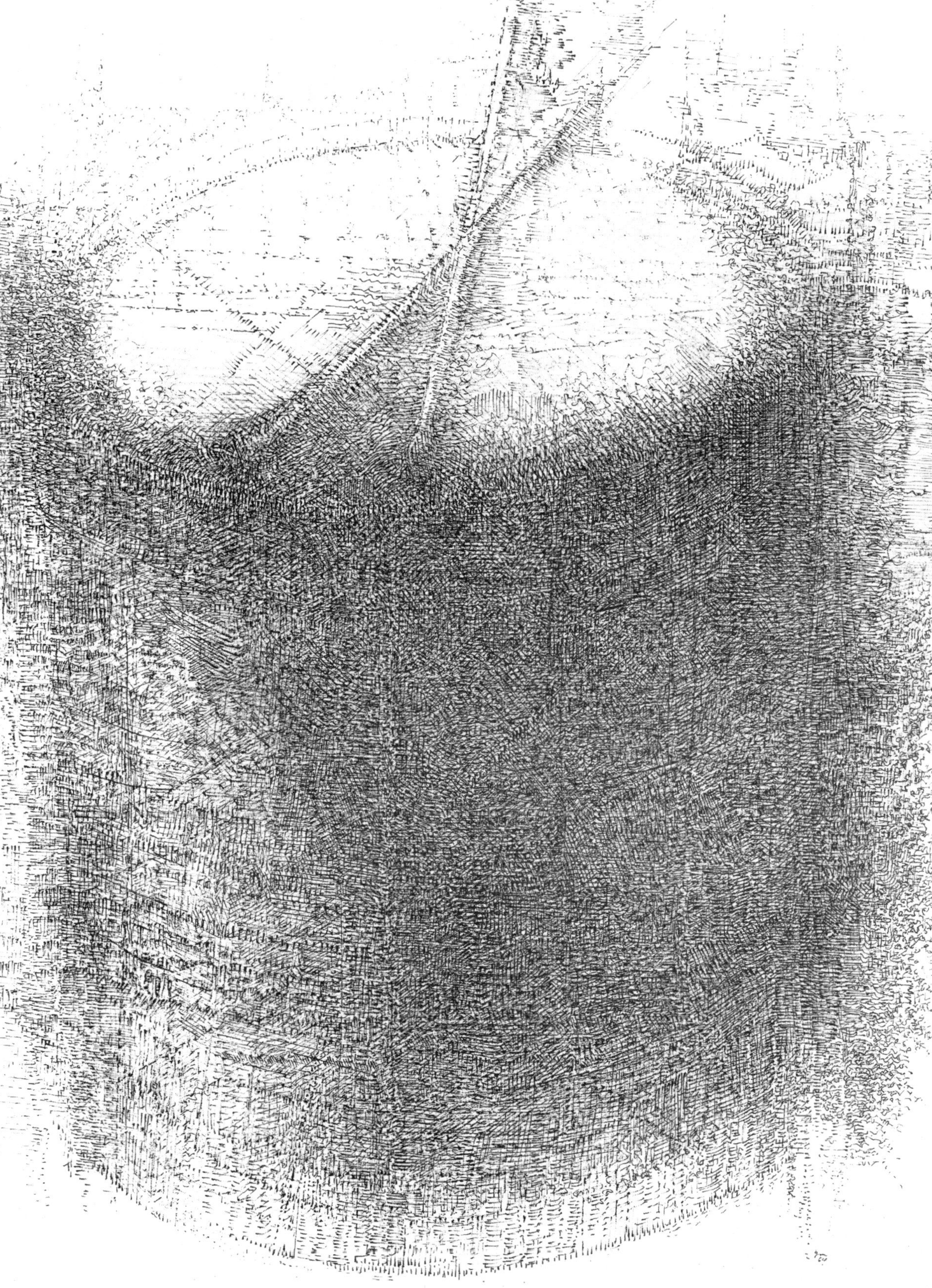

Personnage dans un paysage
1965
63 x 48 cm
—

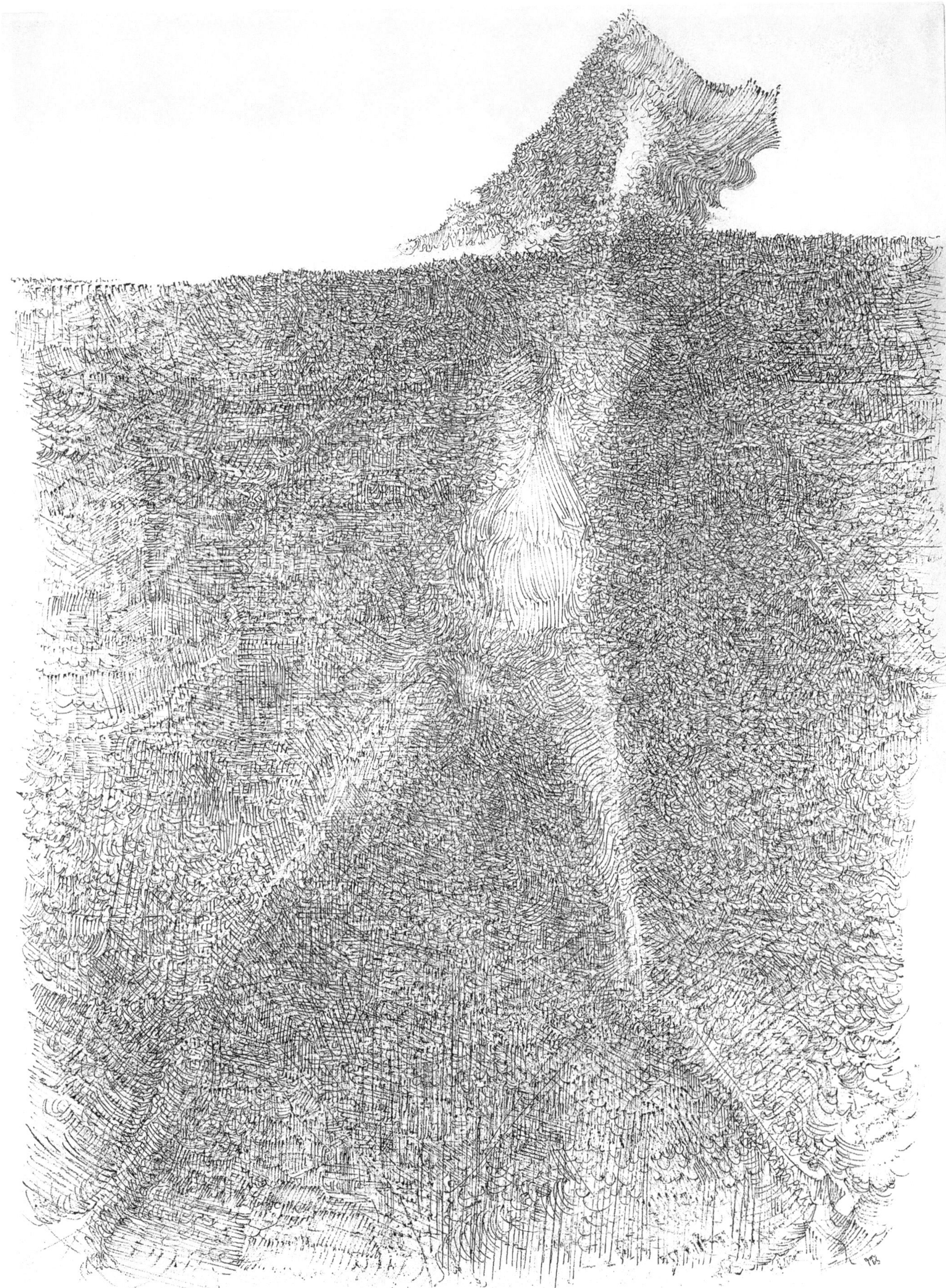

Le vrai défi pour tout artiste
est de créer la vie.
Si une œuvre ne vit pas, au mieux,
elle n'est qu'un beau cadavre.

The true challenge for all artists
is to create life. If a work does not live,
then, at best, it will be only
a good-looking corpse.

Le sujet d'un dessin est le dessin
lui-même, les chuchotements intimes
entre les marques et le papier.

The subject of a drawing
is the drawing itself, the intimate
whisperings between the marks
and the paper.

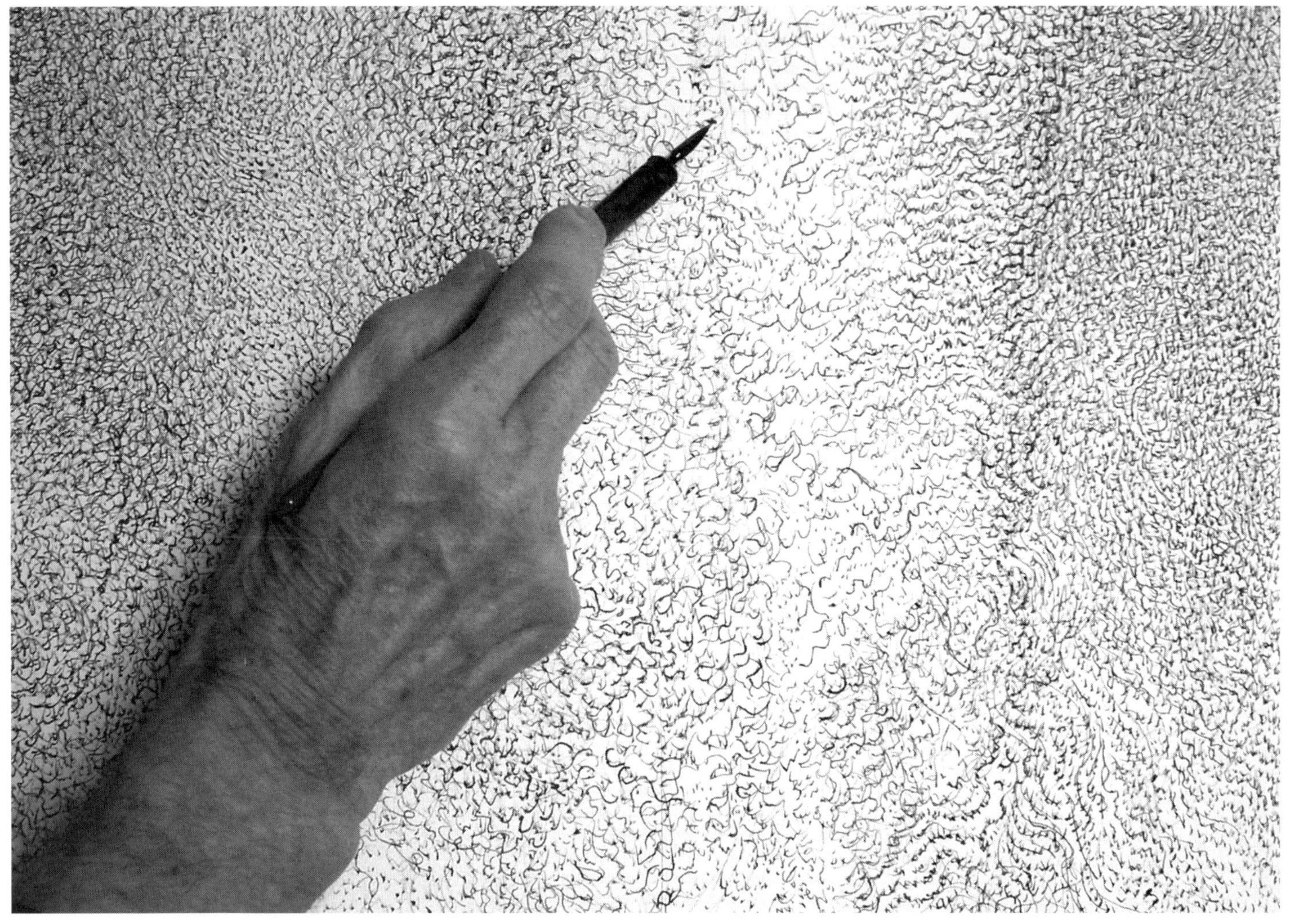

Dans ton art et dans ta personne, il y a un roman d'émigré. Américain à Paris, entre deux mondes, tu vis ailleurs, dans ce qui est pour toi l'image d'un centre autre, dans un centre qui a l'avantage d'être manifestement à certains égards un peu périmé, ce qui permet d'y être attentif à d'autres aspects, d'y vivre ce que l'on pourrait appeler l'émigration des objets, leur déréliction, leur méconnaissance.

Ton dessin nous évoque tout instant précédent comme un paradis perdu à retrouver, déjà perdu quand il était présent. Tout devient sur tes feuilles fontaine de jouvence, l'encre élixir de longue vie.

La plume dont tu te sers, très acérée, de modèle sergent-major, une vraie griffe, est à la fois le glaive de l'archange qui protège ce paradis contre les atteintes de la méconnaissance, contre le bruit vaniteux, et la clef qui en ouvre les grilles. Elle fait du papier une peau lumineuse qu'elle désire extraordinairement, mais qu'elle respecte infiniment. C'est une peau à laquelle on pourrait faire du mal, mais à laquelle tu voudrais ne pas faire le moindre mal, caresser dans toute sa profondeur.

Ta plume ne se contente pas de courir sur le papier; elle va à l'encrier, puis approche de la surface paradisiaque, la touche, la marque, la fait vibrer, la fait gémir, reste un instant sur elle, puis la quitte. L'épaisseur du trait enregistre toute cette aventure verticale, toutes ces arrivées, tous ces départs, toutes ces variations de pression. Ainsi les pointillés, les accumulations deviennent le modelage et la célébration d'un corps réservé.

De même dans les portraits tout est commentaire et irradiation, tout est tendre révérence autour du regard, autour de ces deux prunelles blanches qui sont passées en quelque sorte de l'autre côté de l'aveuglement, de ces deux petits soleils qui vont nous rendre transparents.

Si tu dessines des yeux, c'est tels qu'ils n'ont encore jamais vu.

Michel Butor
Écrivain

In your art and in yourself, there is the story of an immigrant. An American in Paris, between two worlds, you live elsewhere, which for you is the image of a different center, a center which has the advantage of being from certain viewpoints a bit out-of-date, which allows you to be attentive to other aspects, to live what could be called the immigration of objects, their dereliction, their unrecognizability.

Your drawing brings to us each preceding instant like a lost paradise that we must recapture, already lost when it was still present. Everything on your paper becomes a fountain of youth, the ink an elixir of long life.

The pen you use, sharp as it is, a sergeant-major, a real claw, is at once an archangel's sword which protects paradise against ignorant assaults, against vain disturbance, as well as the key which opens its gates. It makes of the paper a luminous skin which it deeply desires, yet infinitely respects. It is a skin, which one could hurt, but to which you would never wish to do the least harm, but rather to profoundly caress.

Your pen is not content to race over the paper; it goes to the inkwell, then approaches the paradisal surface, touches it, marks it, makes it vibrate, makes it groan, rests a moment on it, then leaves it. The thickness of the line records this vertical adventure, all these comings, all these goings, all these variations of pressure. Thus the stippling, the accumulations become the modelling and the celebration of a demure body.

In the same way, in the portraits, all is commentary and illumination, all is tender reverence around the gaze, around those two white pupils, which have passed in some way to the other side of blindness; of those two small suns which will render us transparent.

When you draw eyes, they are such as have never yet beheld the world.

Michel Butor
Writer

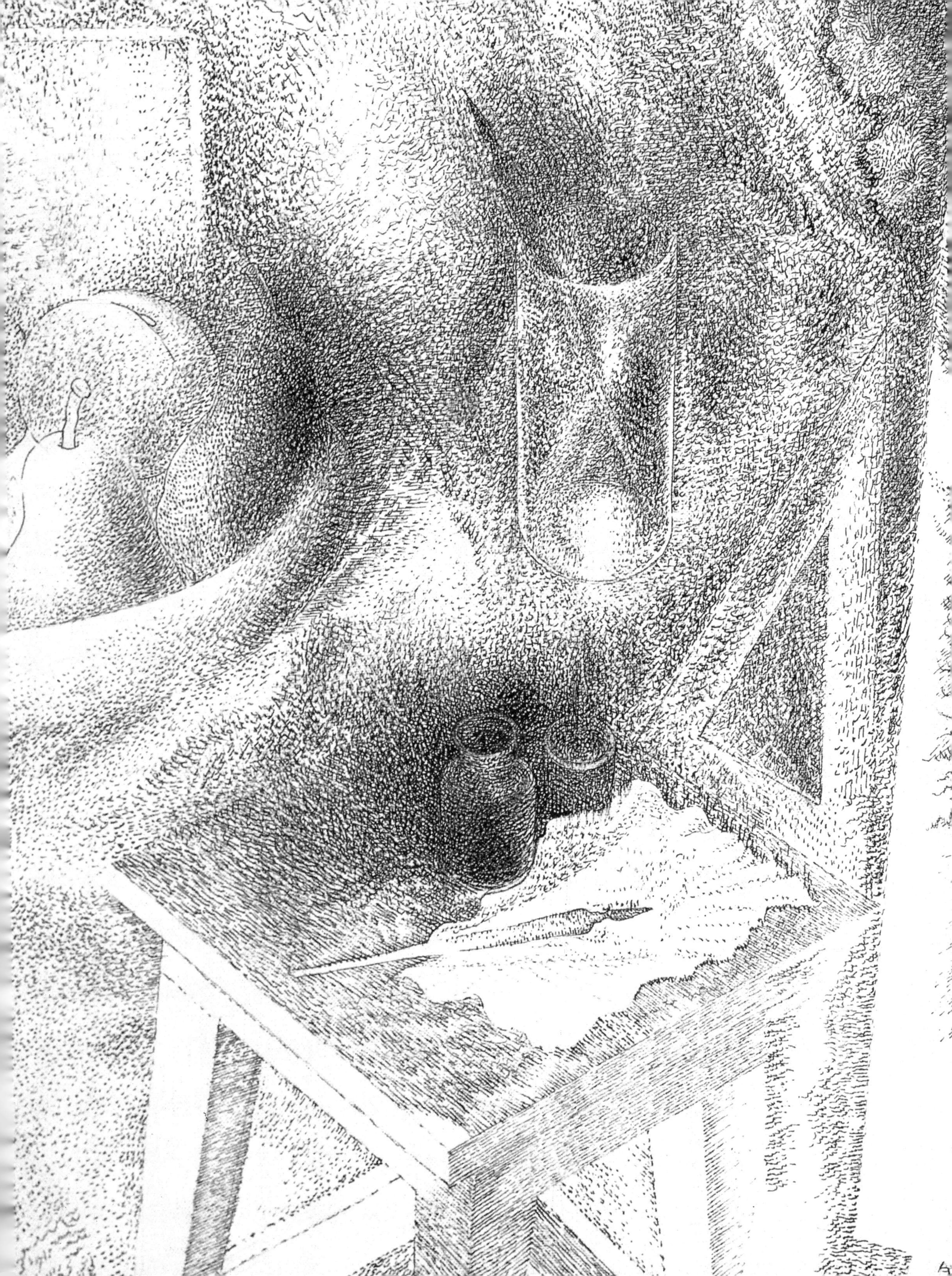

Les Trois Miroirs, détail
1990
72 x 100 cm
—

Il faut beaucoup de courage
pour suivre la plume.

It takes a lot of courage
to follow the pen.

Un monde dans un monde
dans un monde – c'est de cette façon
que je conçois une image.

A world within a world
within a world –
that is how I conceive an image.

Les portraits
Portraits

Dessiner le portrait de quelqu'un,
c'est dessiner son fantôme.

To draw someone's portrait is
to draw his or her ghost.

Portrait de Paloma Picasso
1969
63 x 48 cm
—

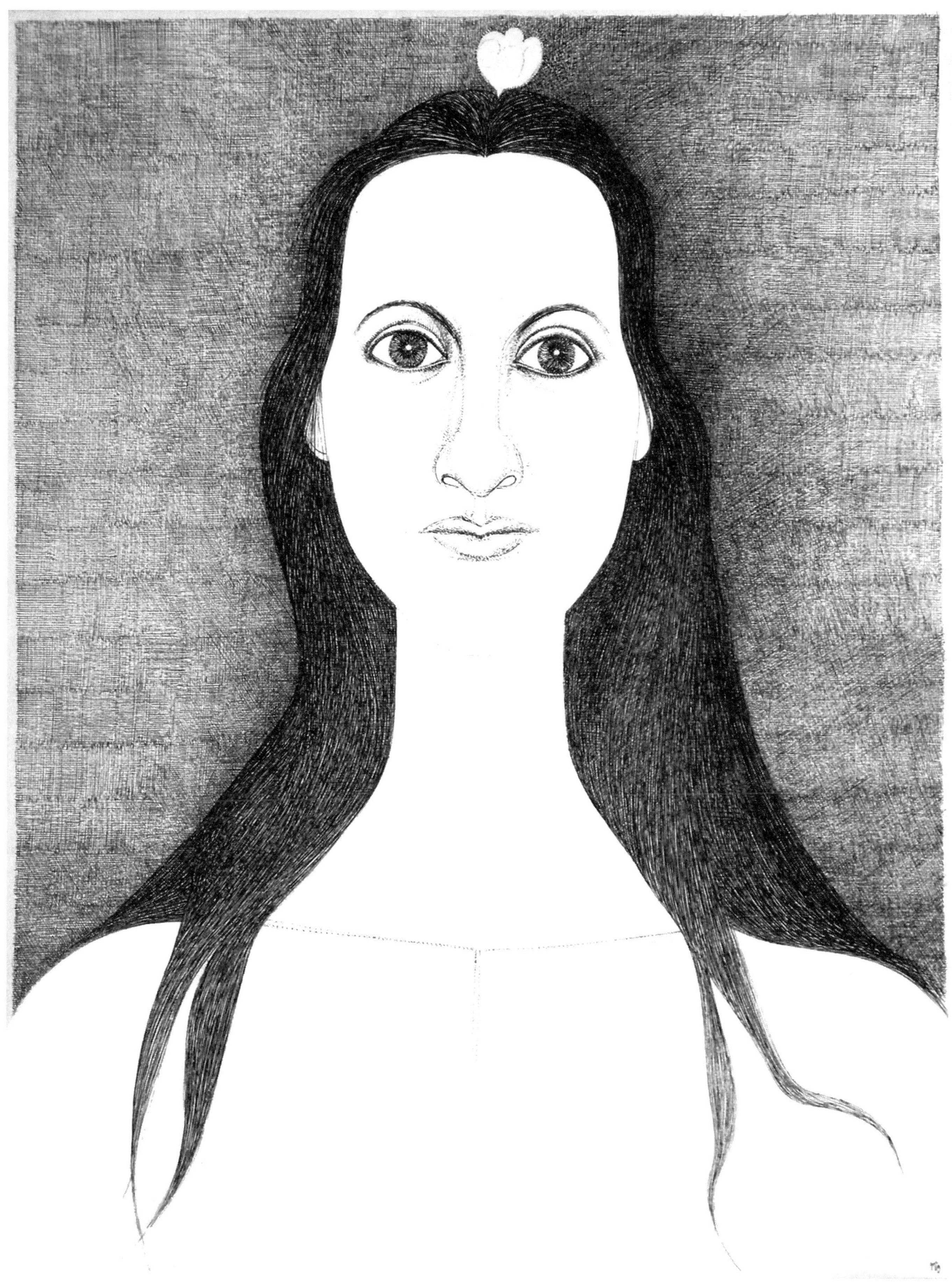

Portrait de Jean Leymarie
1968
63 x 48 cm
—

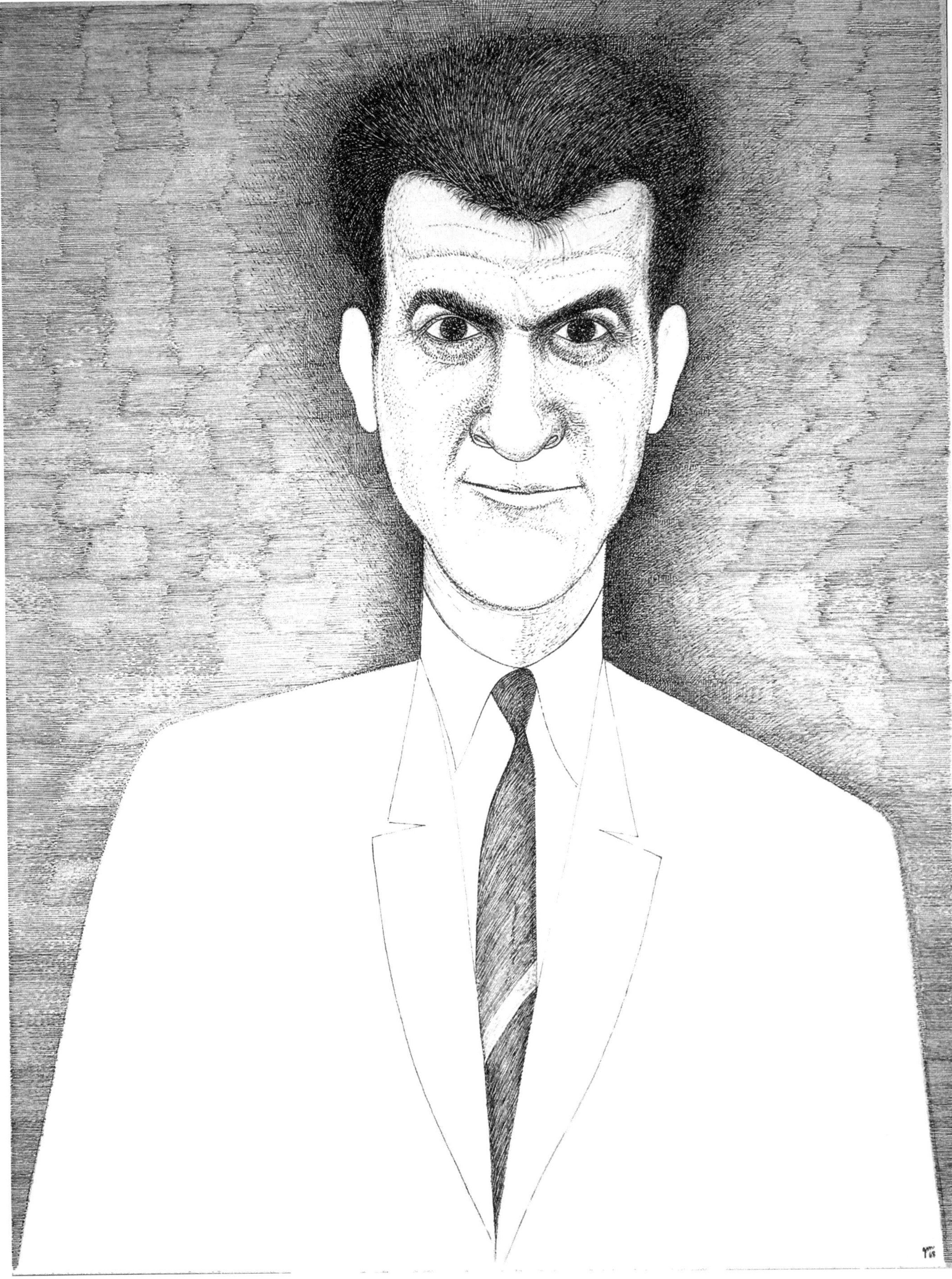

Portrait de Bénédicte Pesle
1968
63 x 48 cm
—

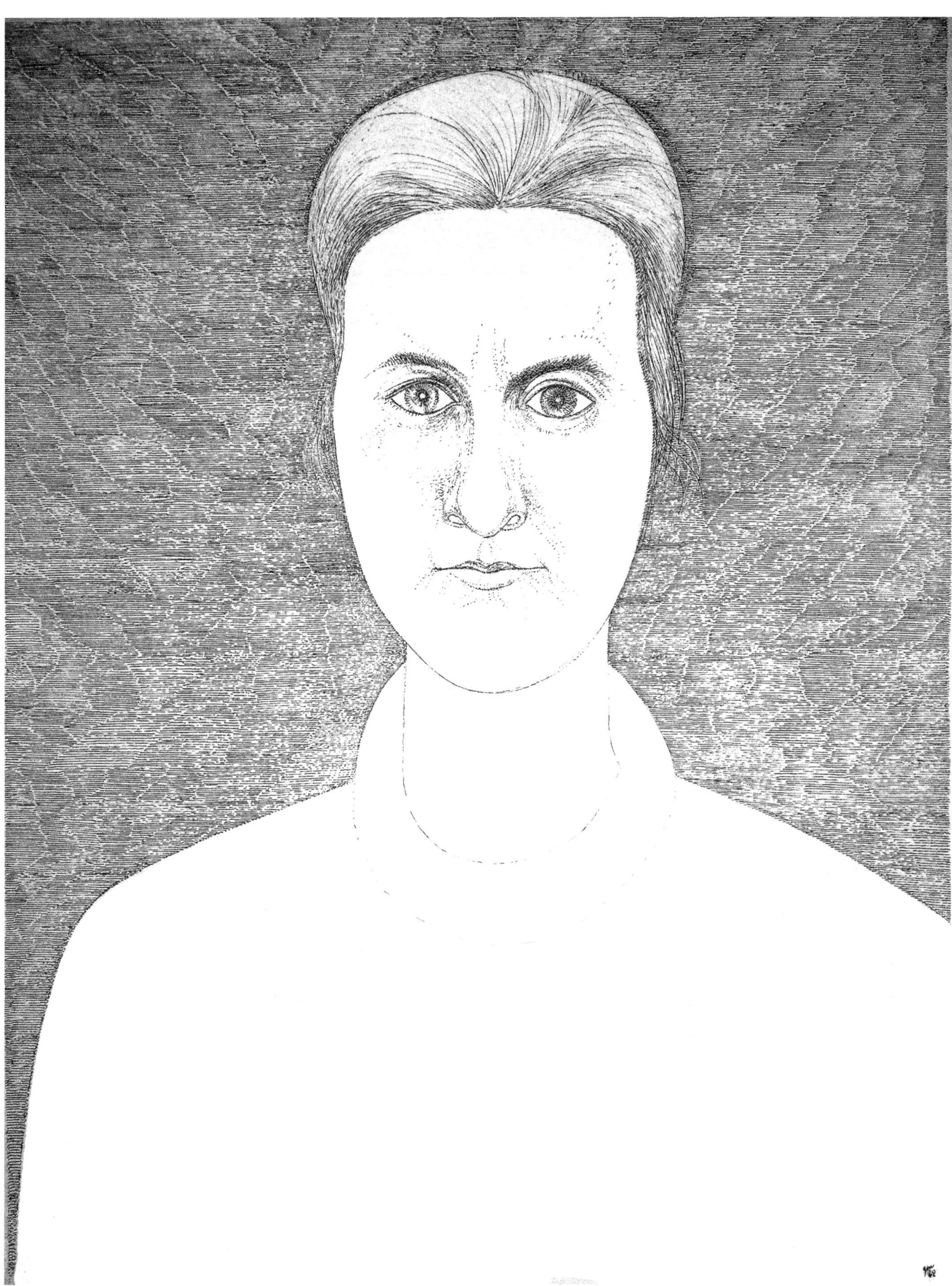

Portrait d'Olivier de Magny
1968
63 x 48 cm
—

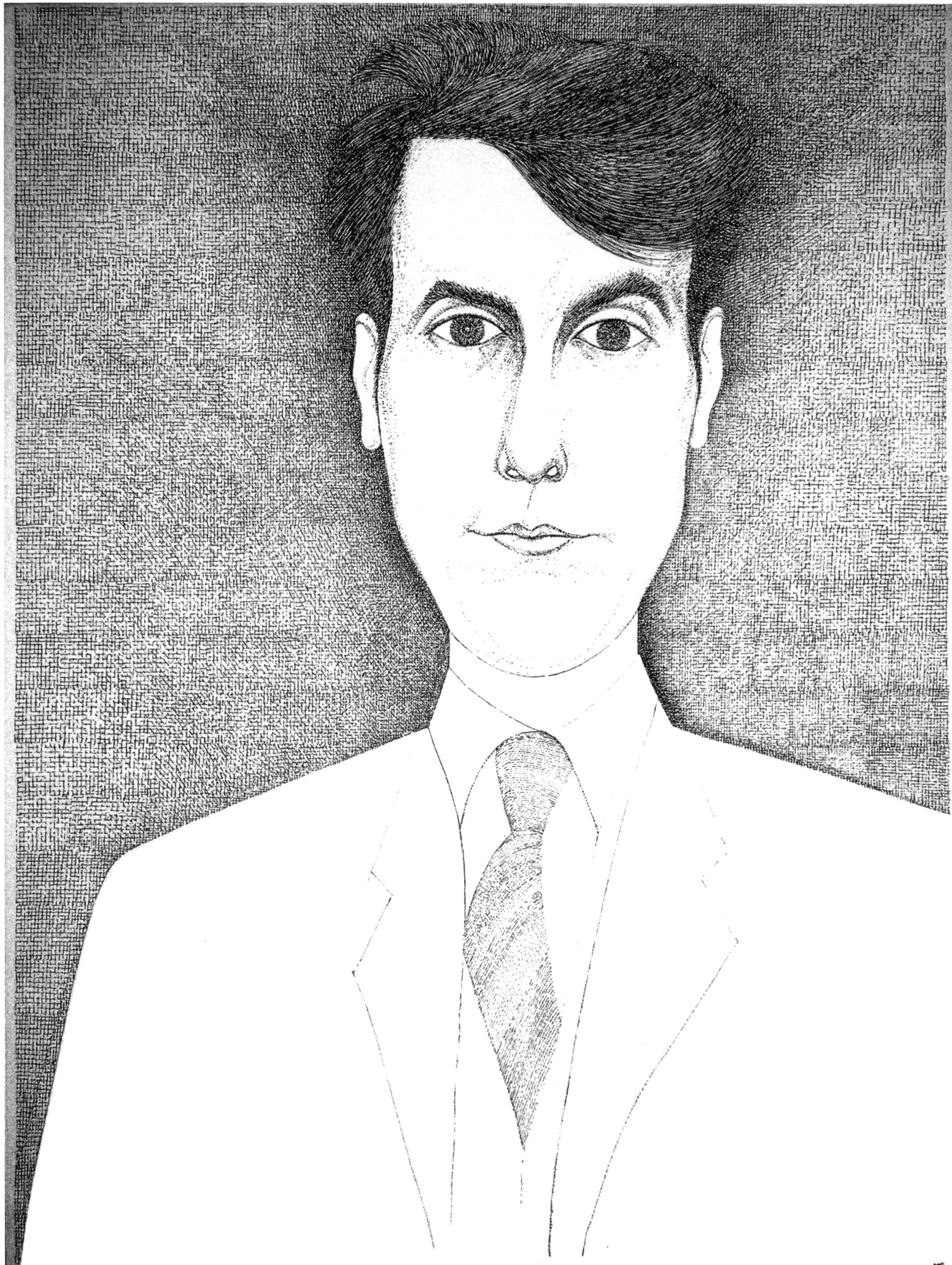

Portrait de Shirley Goldfarb
1968
63 x 48 cm
—

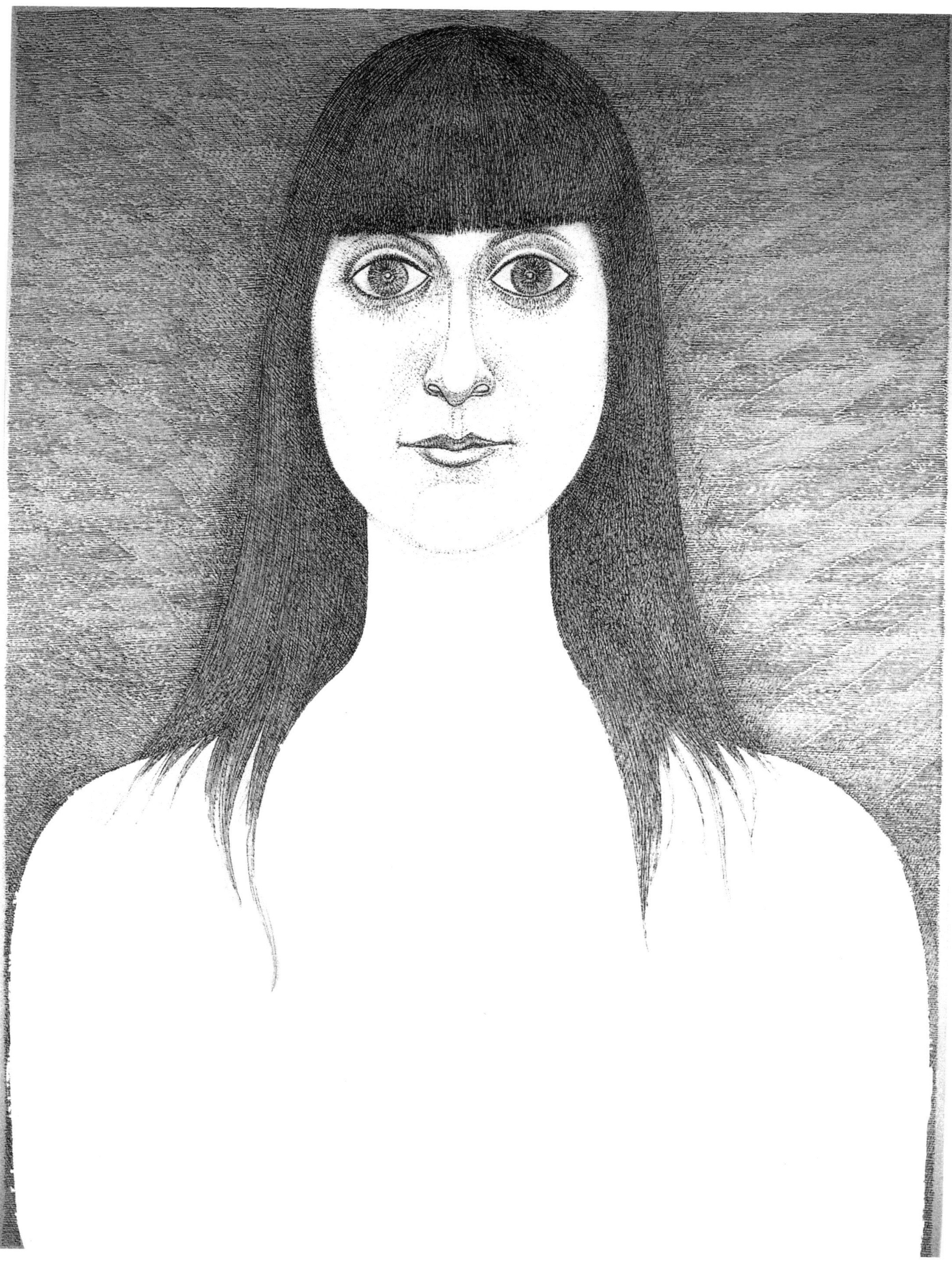

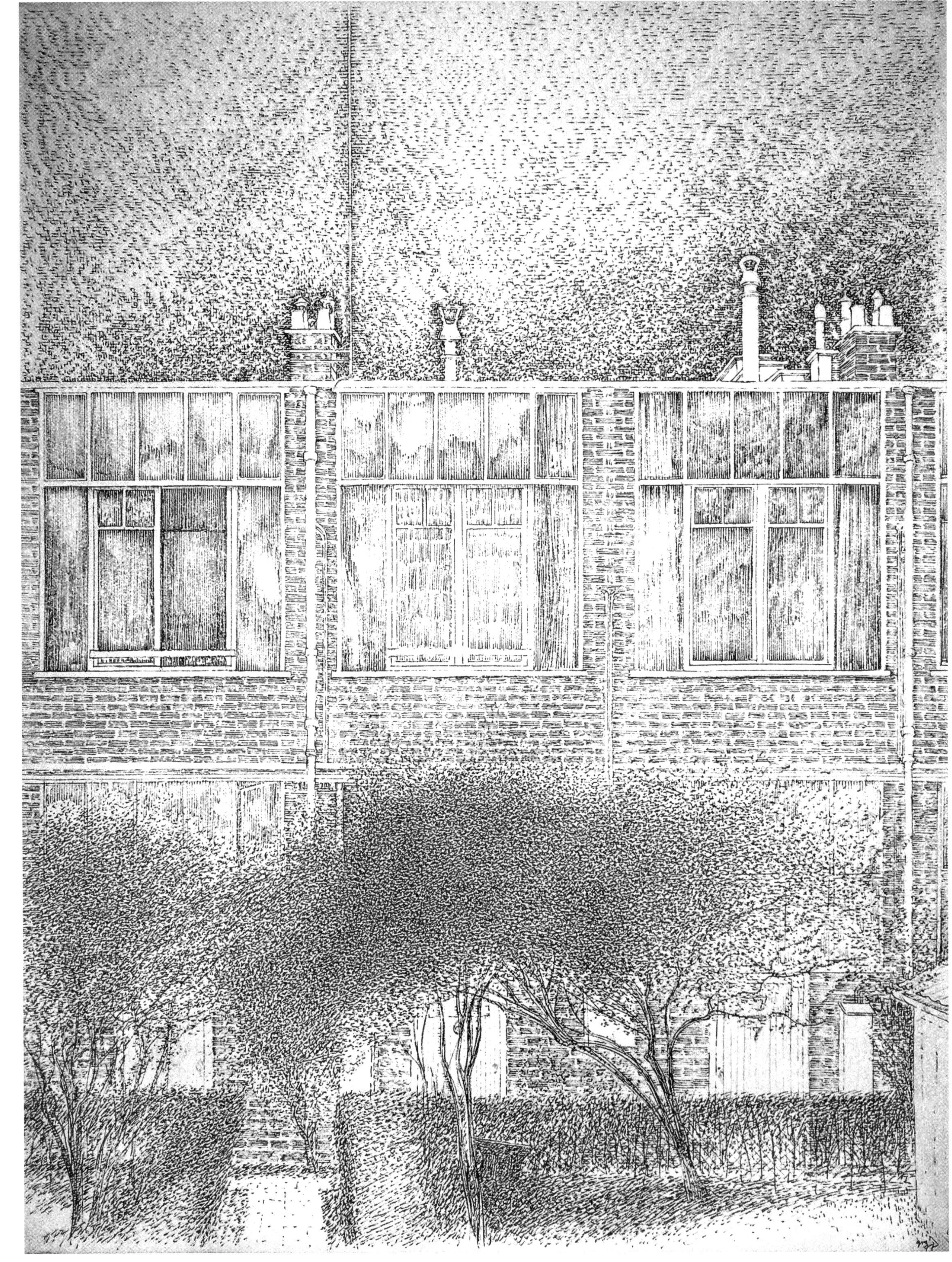

Ateliers, rue Liancourt
1977
63x48 cm
—

Le premier atelier d'artiste que j'ai vu il y a très longtemps

Voir, qu'est-ce que voir? S'approcher et scruter le sujet, l'objet le plus lentement possible ou bien le laisser apparaître peu à peu comme si rien n'avait jamais existé auparavant. C'est à ce travail de découverte infini, on pourrait presque dire de voyance, que se livre maintenant depuis plus de cinquante ans Gregory Masurovsky avec une cohérence entière. Comment s'exprimer, avec pour tout outil la plume, l'encre, le noir et le blanc, ces deux valeurs toujours en lutte? Tantôt c'est le blanc de la feuille qui donne tout à l'espace et à la clarté et où viennent s'inscrire comme par enchantement – car elles ne reposent que dans l'air impalpable – une pomme, deux poires, une chaise... tantôt c'est le noir dense, profond qui prend, saisit la chevelure noire ou le corps d'une femme presque toujours sans visage... Mais le nu peut parfois aussi irradier de toute sa splendeur naissante qui semble venir d'un autre monde comme ces madones, ces anges ou ces Adam et Ève que l'on a vus surgir depuis quelques années. Les objets, les corps apparaissent toujours comme des entités qui se suffisent à eux-mêmes, pris dans la nasse de milliers de traits, d'accents, de taches enchevêtrées qui les retiennent de s'enfuir, vers quel inconnu? Comment la vision parvient-elle à cette intensité et à cette précision (il a choisi la plume, cet instrument dur, sans retour possible essentiellement pour cette qualité) en soustrayant au vide les contours légers mais exacts d'un volume hors de ce lacis ne cesse de fasciner. Dans une vidéo faite en 2003 par des élèves de l'INA, on le voit dessiner et commencer ainsi presque n'importe où, la ligne suivant son chemin en aveugle par grands traits violents ou par petits accents péremptoires, car ce qui l'intéresse, n'est-ce pas avant tout de comprendre ce qui se passe et de ne surtout pas immobiliser ni refroidir le trait? Comment parvient-il à nous donner cette sensation de réalité, de présence quand à première vue il ne semble y avoir qu'une immense convulsion de minuscules atomes qui tournent dans l'espace? C'est à cette voie entre apparition et disparition qu'il s'est attaché, à ce monde spectral où rien ne se dissout vraiment. Est-ce qu'il ne parle pas parfois d'« âme »? Comment comprendre notre rapport au monde? Comment sommes-nous grain de matière, par quelle ancienne lumière sommes-nous toujours illuminés, où est la dixième planète? Qu'il s'agisse d'un nu, d'un compotier, d'un sapin, d'une bougie, d'un rideau...

The First Artist's Studio I Saw a Very Long Time Ago

To see, what is it, to see? To approach and scrutinize the subject, the object, as slowly as possible, or else, to let it appear little by little as if nothing ever existed before. It is to this work of infinite discovery, one can almost speak of clairvoyance, that for more than fifty years Gregory Masurovsky has consecrated himself with total coherence. How to express oneself with just a pen, ink, black and white, these two values in perpetual conflict? At times, it is the white of the page that gives space and clarity (and where, as if by magic – because they seem to rest on impalpable air – an apple, two pears, a chair are included); at times it is the black, dense and intense, which captures, seizing the dark hair or body of an almost always faceless woman. But this nude can, at times, in all her budding splendour, glow as though coming from another world, like these madonnas, angels, or Adam and Eves that one has seen emerging these past years. The objects, the bodies, always appear as entities existing in themselves, caught in a trap of tangled strokes, accents and marks that prevent them from escaping towards what unknown? How has his vision attained that intensity, that precision (he chose the pen, that exacting instrument where no return is possible, essentially for that reason), withdrawing out of emptiness with delicate but precise contours, a volume from the maze, never ceasing to fascinate. In a video made in 2003 by film students for the Institut National de l'Audiovisuel (radio and television archives), one sees him begin a drawing almost aimlessly, the line blindly going its own way with sweeping violent strokes, or with slight peremptory marks, because what interests him more than anything is to understand what is happening and especially to avoid immobilizing or freezing the line. How does he manage to give us this sensation of reality, of presence, when at first glance it seems there is only an immense convulsion of atoms whirling in space? It is the path between appearance and disappearance to which he is attached, that spectral world wherein nothing truly dissolves. Does he not speak sometimes of the "soul"? How to comprehend our relationship to the world? How we are specks of matter; or by what far-off light we continue to be illuminated, and where is the tenth planet? Be it a nude, a bowl, a pine tree, a candle, or a curtain, Masurovsky represents each thing in its singularity,

Masurovsky représente chaque chose dans sa singularité, son unicité, dans l'éclair de l'instant puisqu'on attend toujours une révélation plutôt qu'un sens qui restera pour toujours obscur. S'il aborde tous les sujets, parfois sur le vif, parfois aussi imaginés, c'est parce qu'ils font partie de sa vie ou de ses pensées quotidiennes et pourtant qu'ils ne cessent jamais de le questionner, de le surprendre. Jamais rien de gratuit dans cette appréhension de la création.

Ces dernières années, de plus ou moins puriste il est devenu baroque, les lignes tourbillonnent, s'élancent pour évoquer quels cieux, quels astres, quels êtres? Avec sa malice habituelle qui se traduit parfois par de brefs textes, par de petites histoires, il ne nous le dira qu'en clignant des yeux, avec un sourire en coin.

Claude Schweisguth
Conservateur

its uniqueness in the flash of an instant, as it is we who are always awaiting a revelation, rather than some meaning which will forever remain obscure. If he treats subjects at times directly from life or from his imagination, it is because they are part of his life or daily thoughts, which he never ceases to question nor to be surprised by. There is never anything gratuitous in his comprehension of creation.

From these past years, more or less purist, he has become baroque: lines swirl, soar forth to evoke what heavens, what stars, what beings? With his usual mischievousness which sometimes finds expression in short texts or stories, he will tell us, but with a wink and a sly smile.

Claude Schweisguth,
Curator

Arbre d'automne
1999
63 x 48 cm
—

Les nus
Nudes

Certains de mes dessins
sont des apparitions lumineuses
dans la nuit des temps,
comme autant de corps célestes.

Certain of my drawings
are luminous apparitions
in the night of time,
like so many celestial bodies.

La Promise
2005
96x65 cm
—

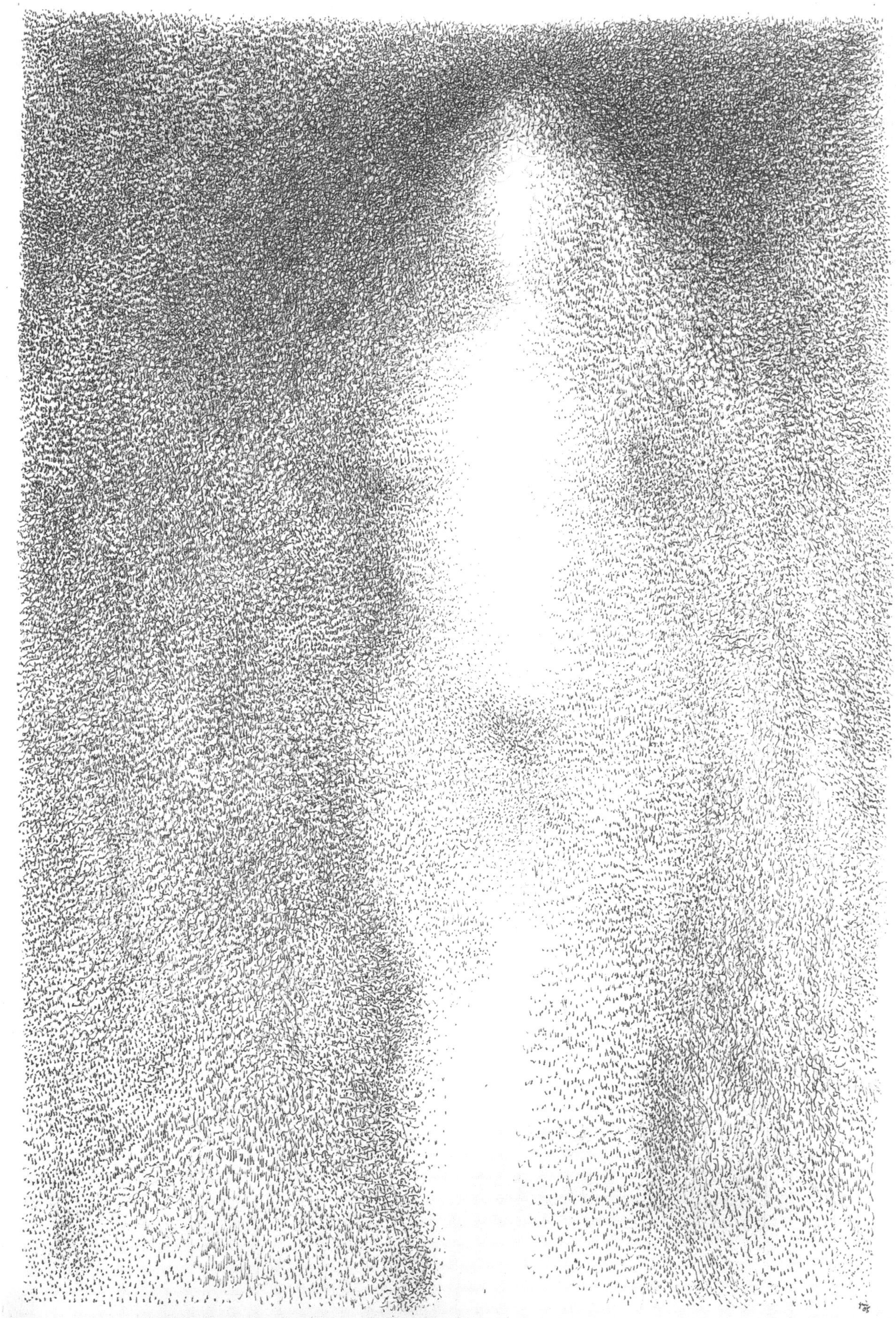

Torse
1999
38 x 28 cm
—

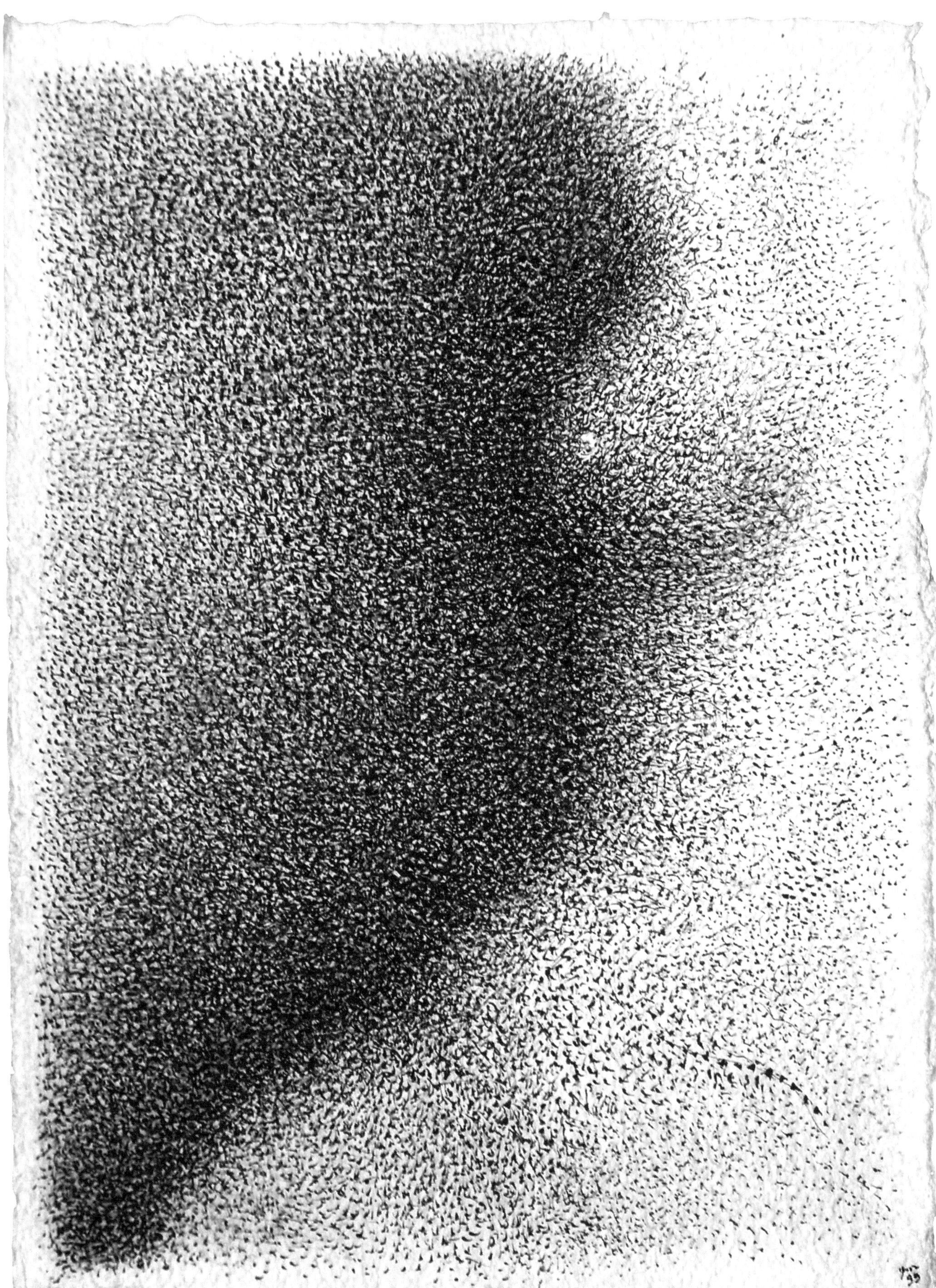

Torse
2002
38 x 28 cm
—

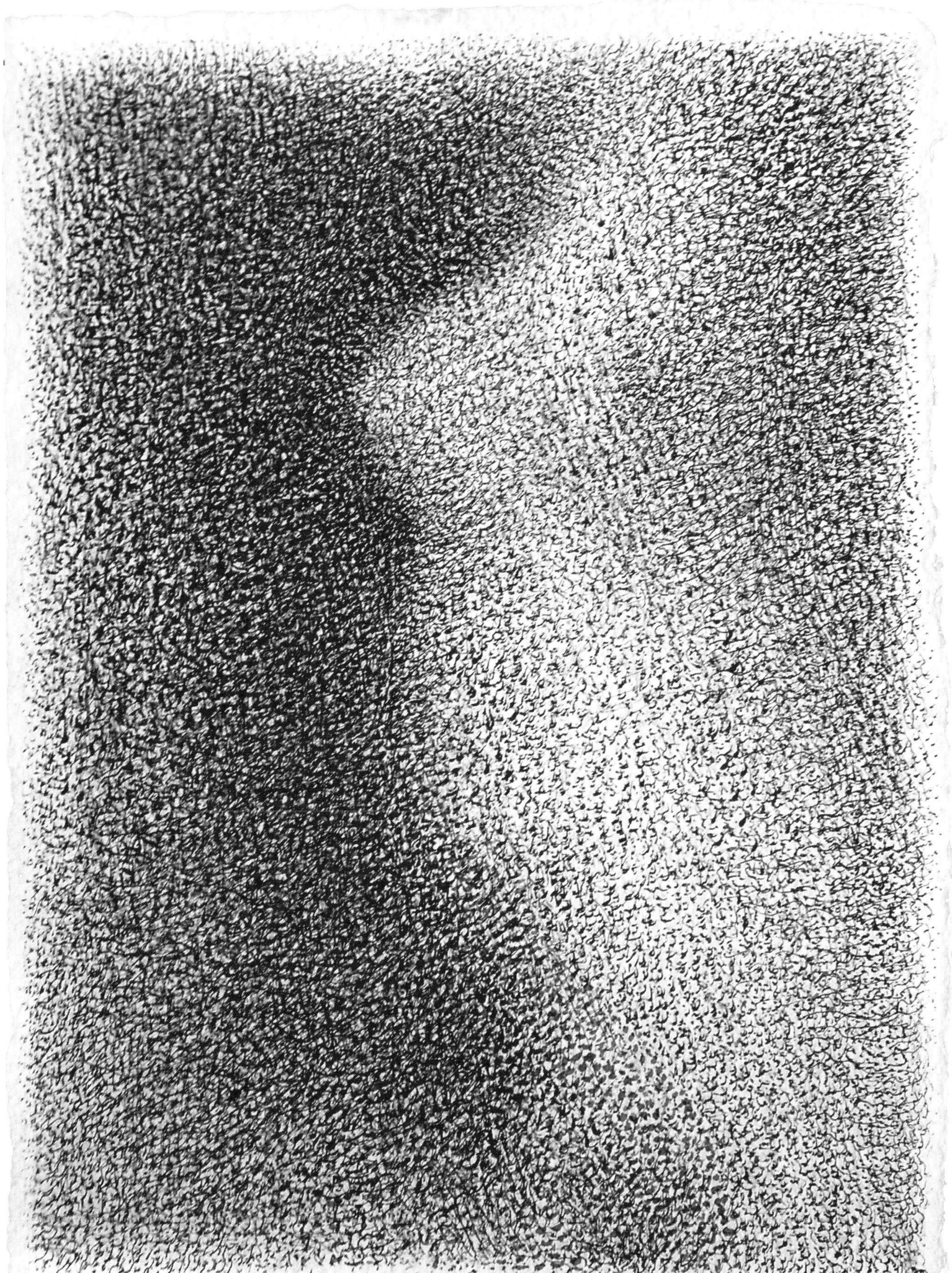

Femme en extase II
1995
66x51 cm
—

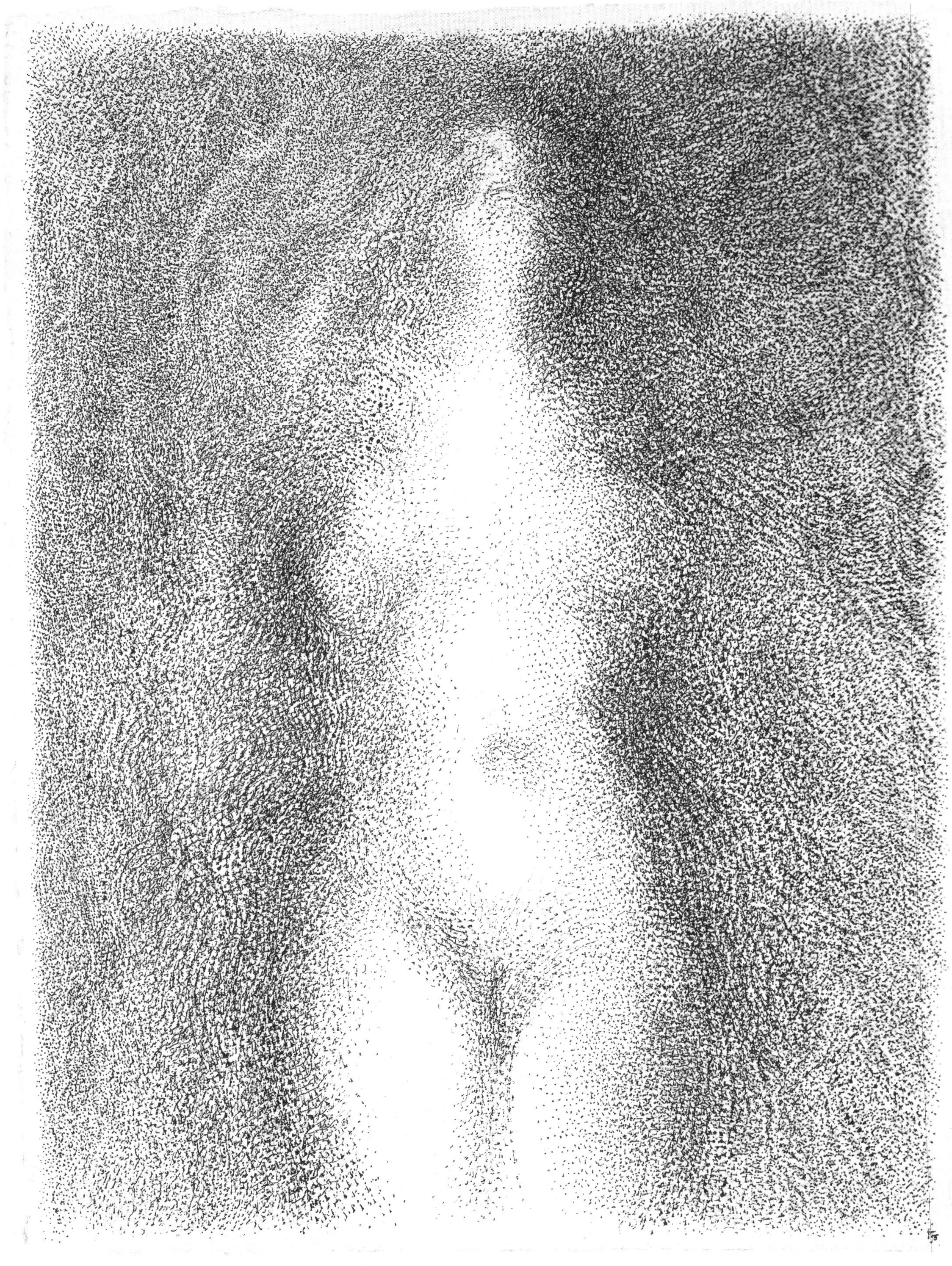

Étude de torse féminin
2006
63 x 48 cm

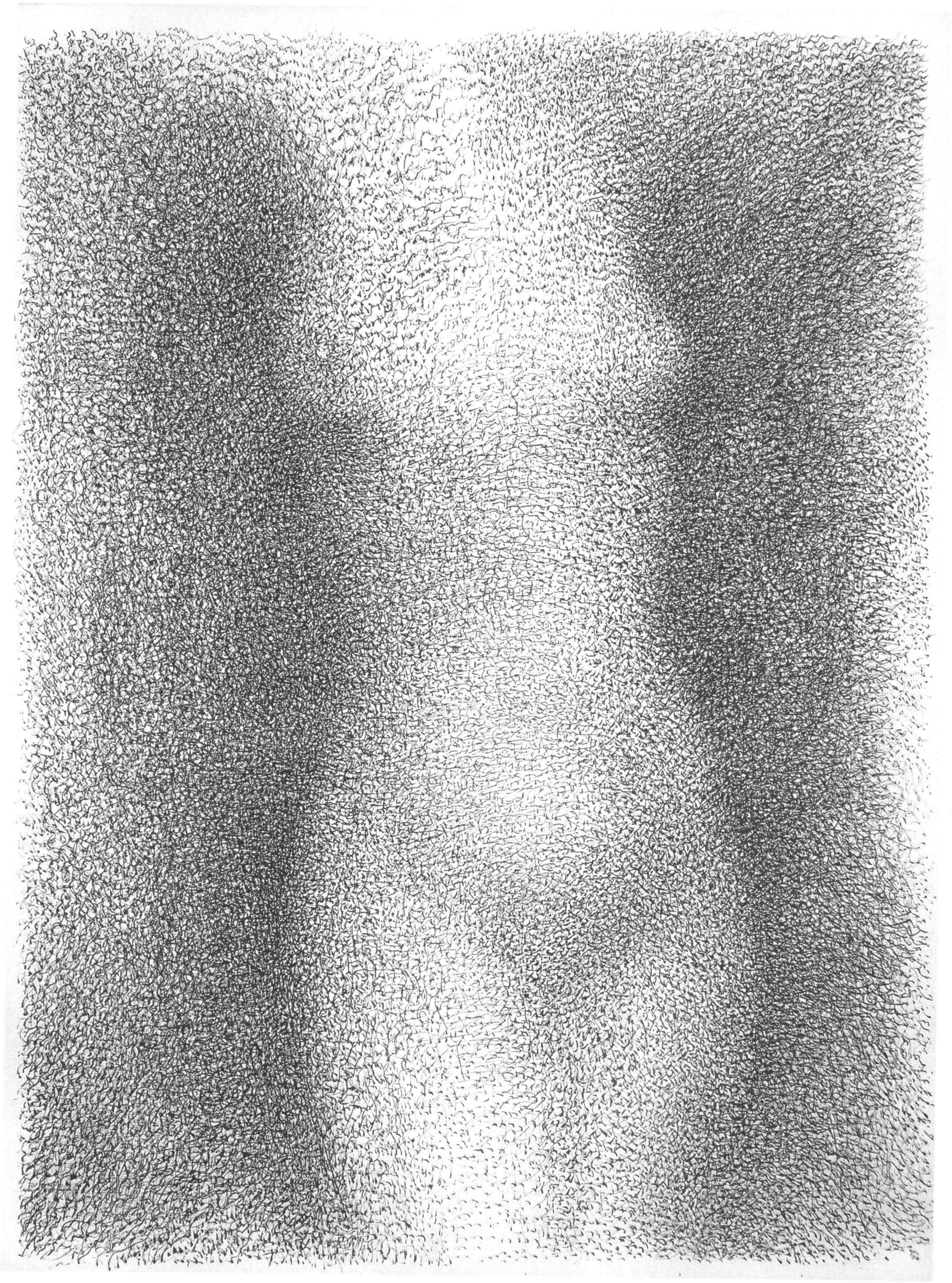

La Femme / Scorpion
2002
66 x 51 cm
—

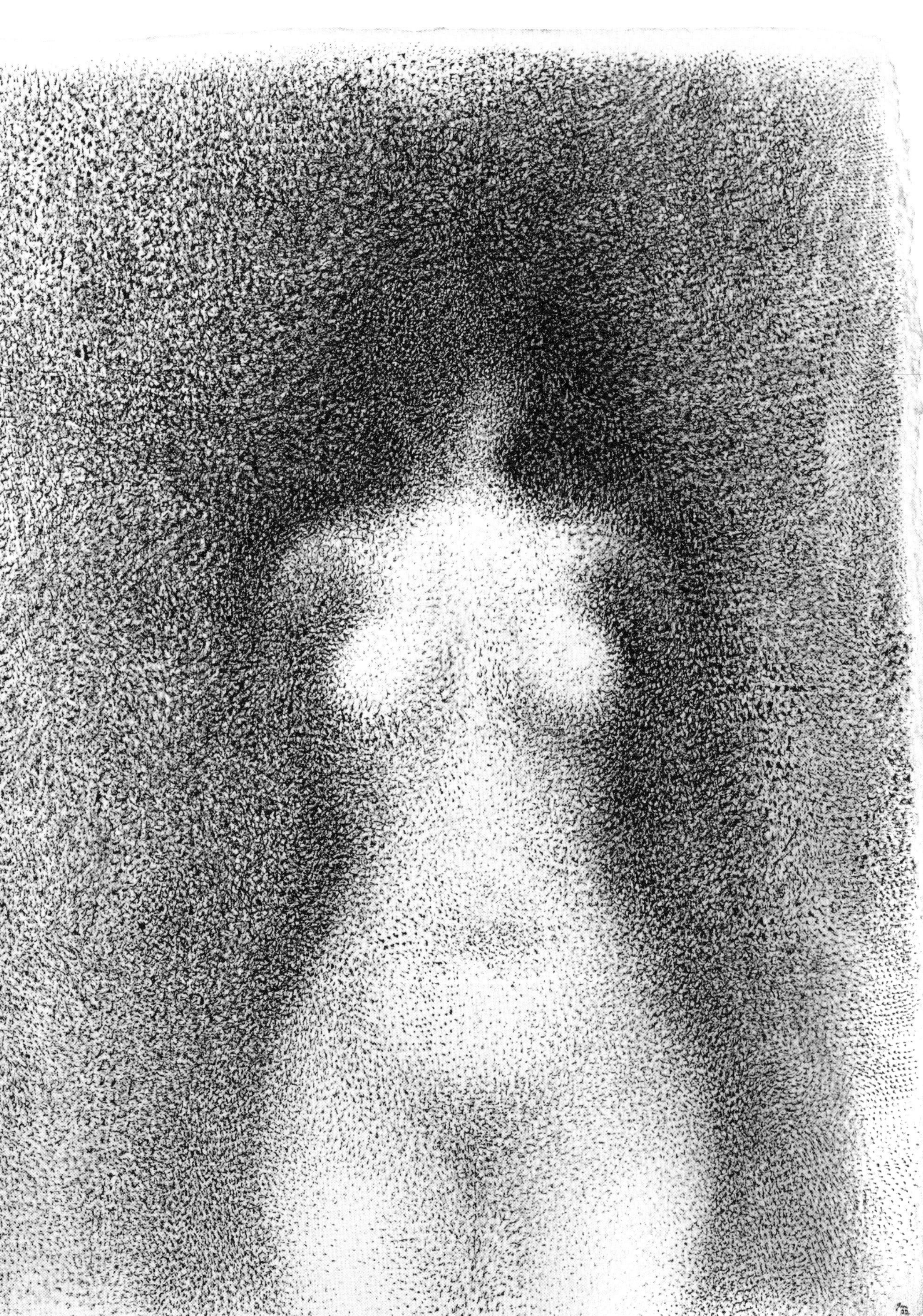

La Femme/solaire
1997
63 x 48 cm
—

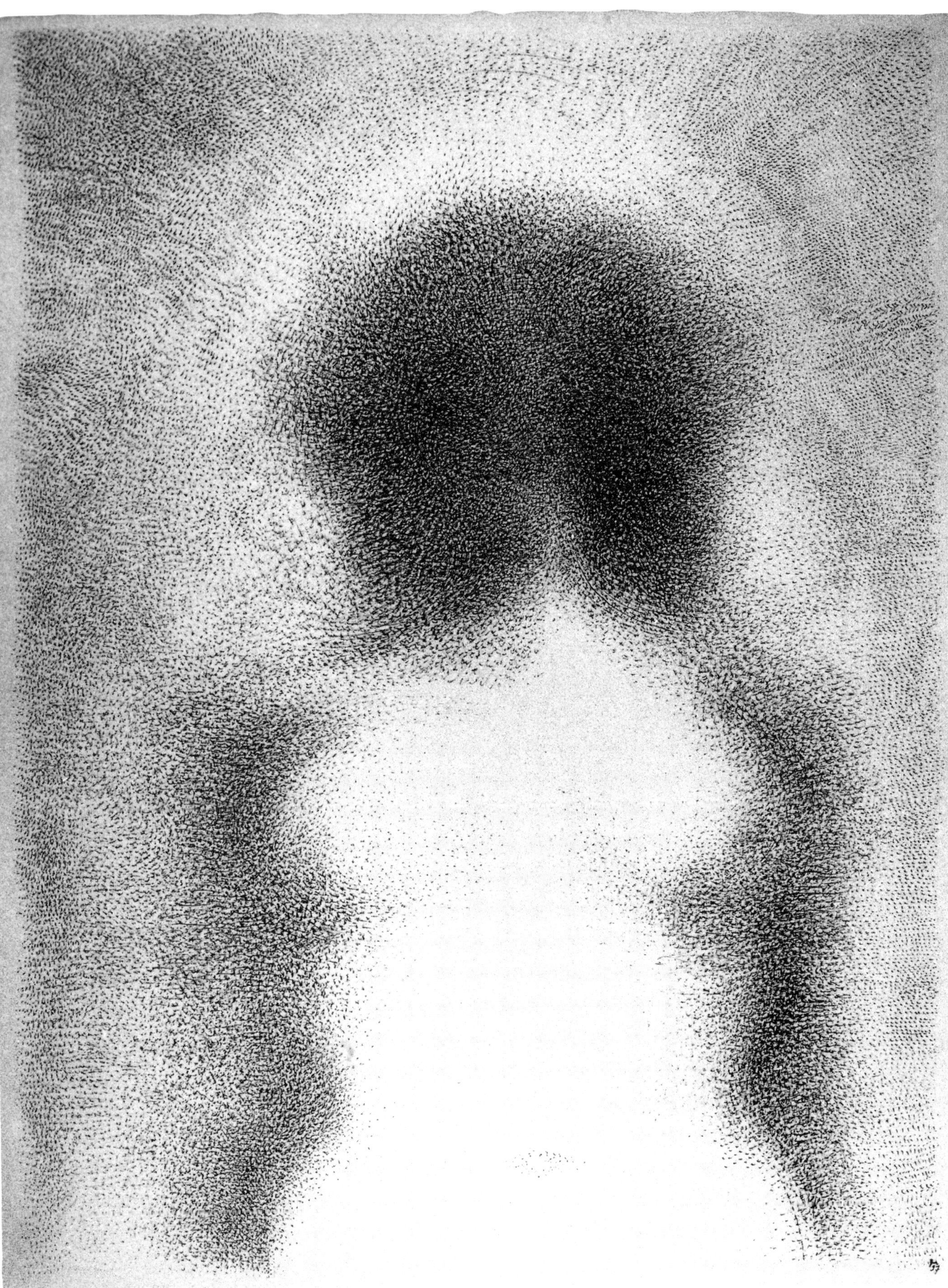

Les montagnes
Mountains

Je dessine pour célébrer le mystère
et la beauté de la vie.

I draw to celebrate the mystery
and the beauty of life.

Montagne du massif Mont-Blanc (Les Arcs)
1984
63 x 48 cm
—

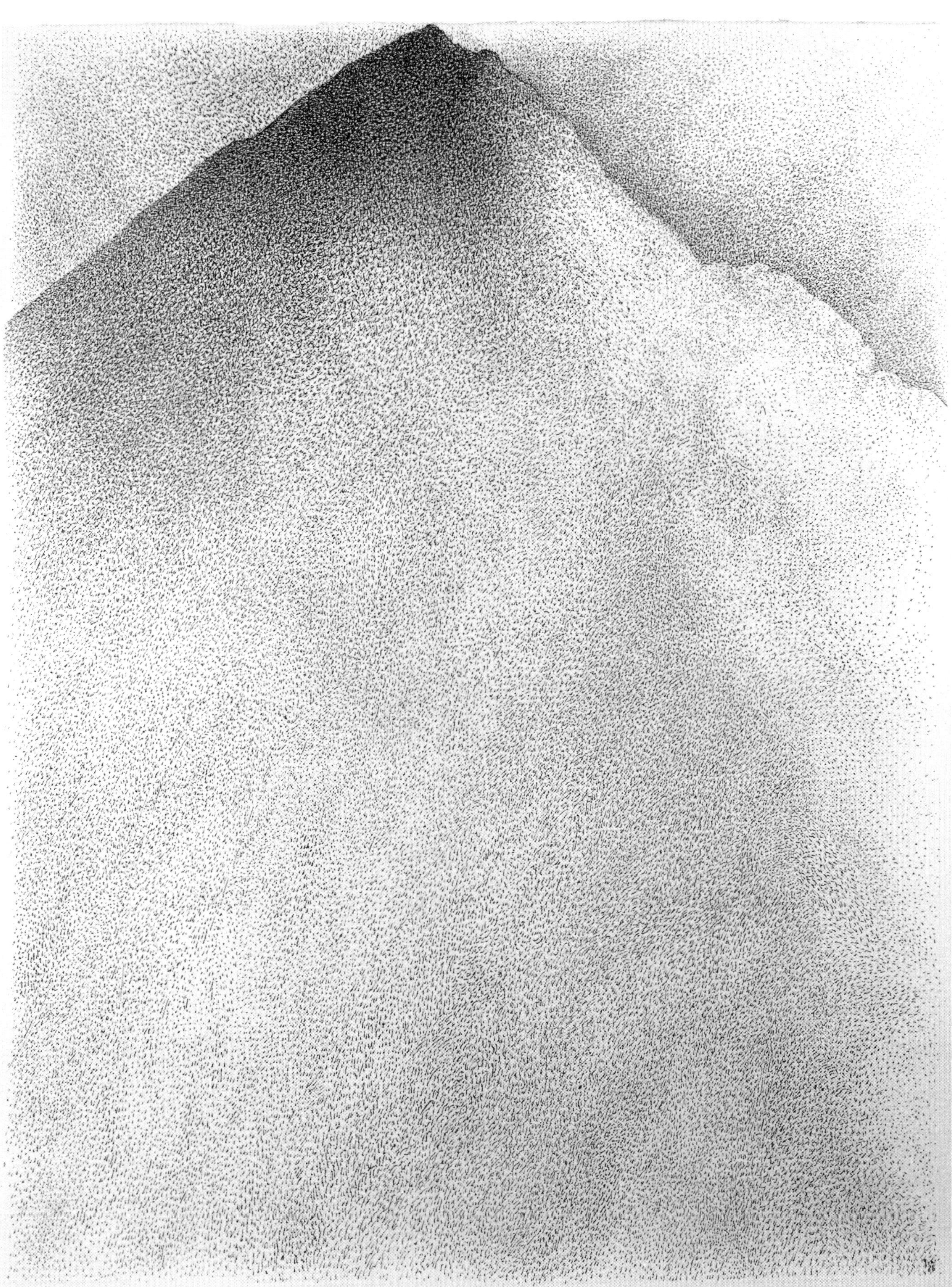

Montagnes et Glaciers des Alpes, Le Roignaux (Les Arcs)
1983
63 x 48 cm
—

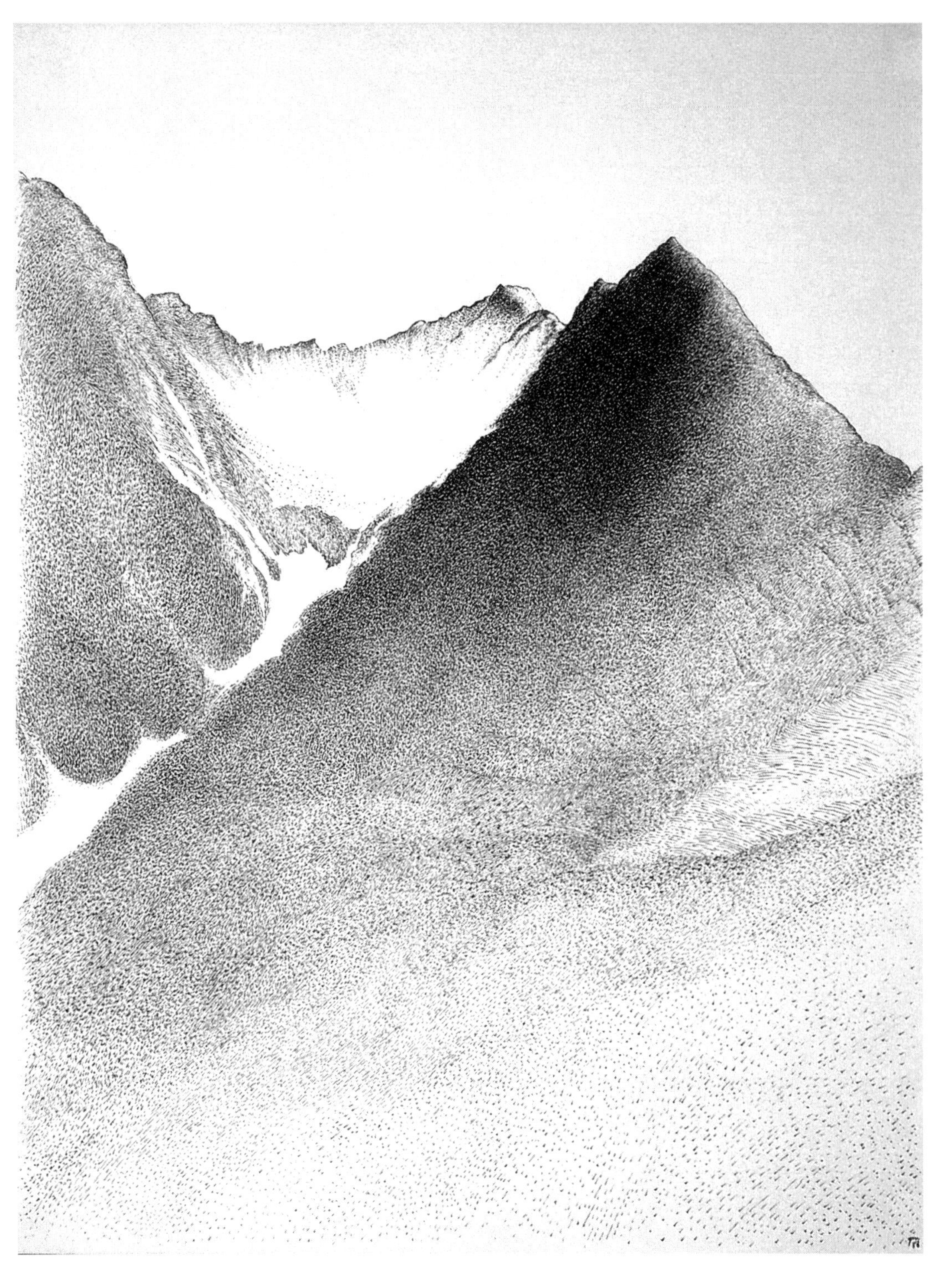

Montagnes et Nuages (Les Arcs)
1988
63 x 48 cm
—

Massif des Belles-Côtes dans les nuages (Les Arcs)
1984
63 x 48 cm
—

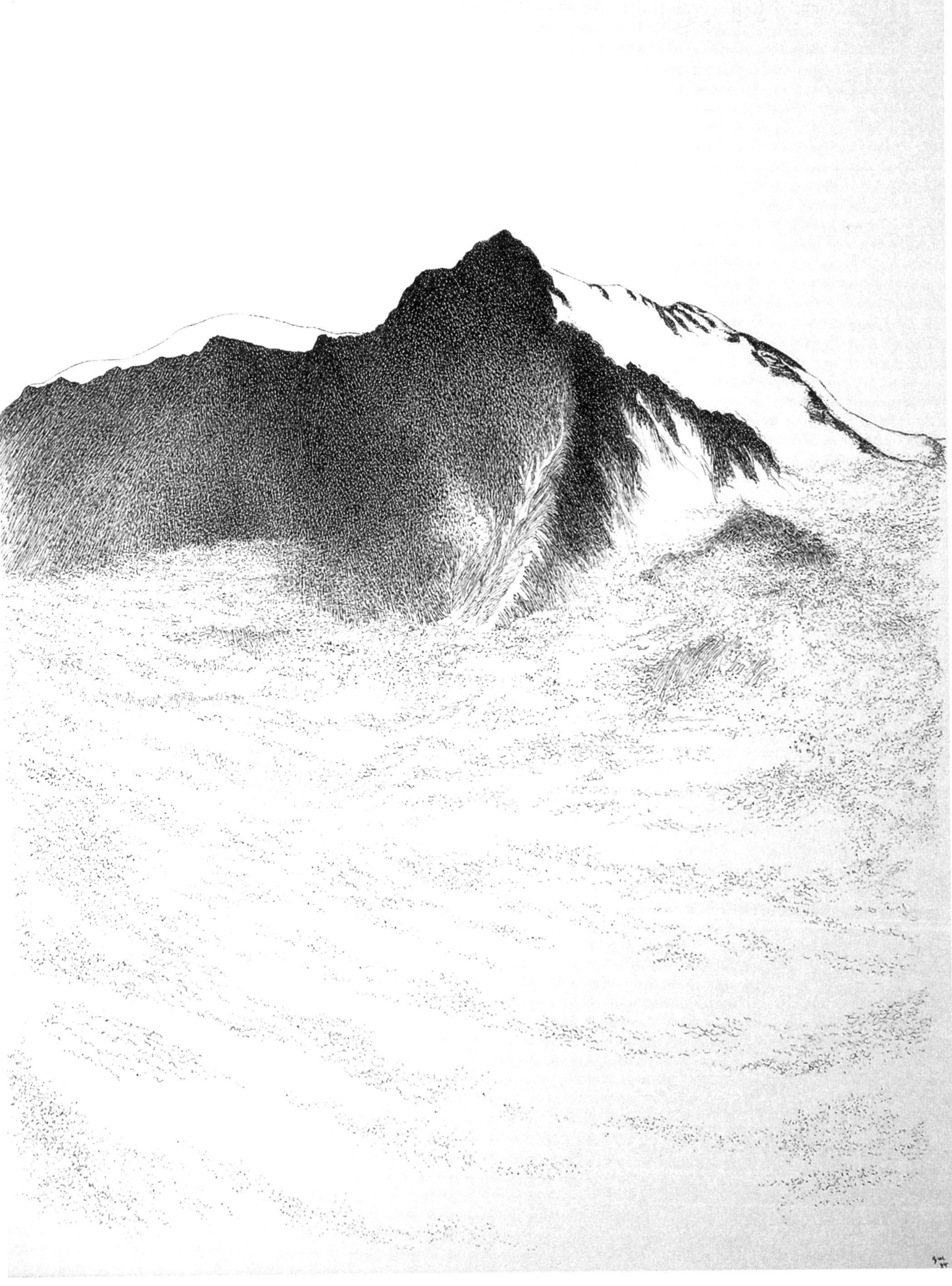

J'essaie de dessiner la lumière divine.
Qu'est-ce que « la lumière divine » ?
C'est la lumière qui donne vie.

I try to draw divine light.
What is "divine light"?
It's the light that bestows life.

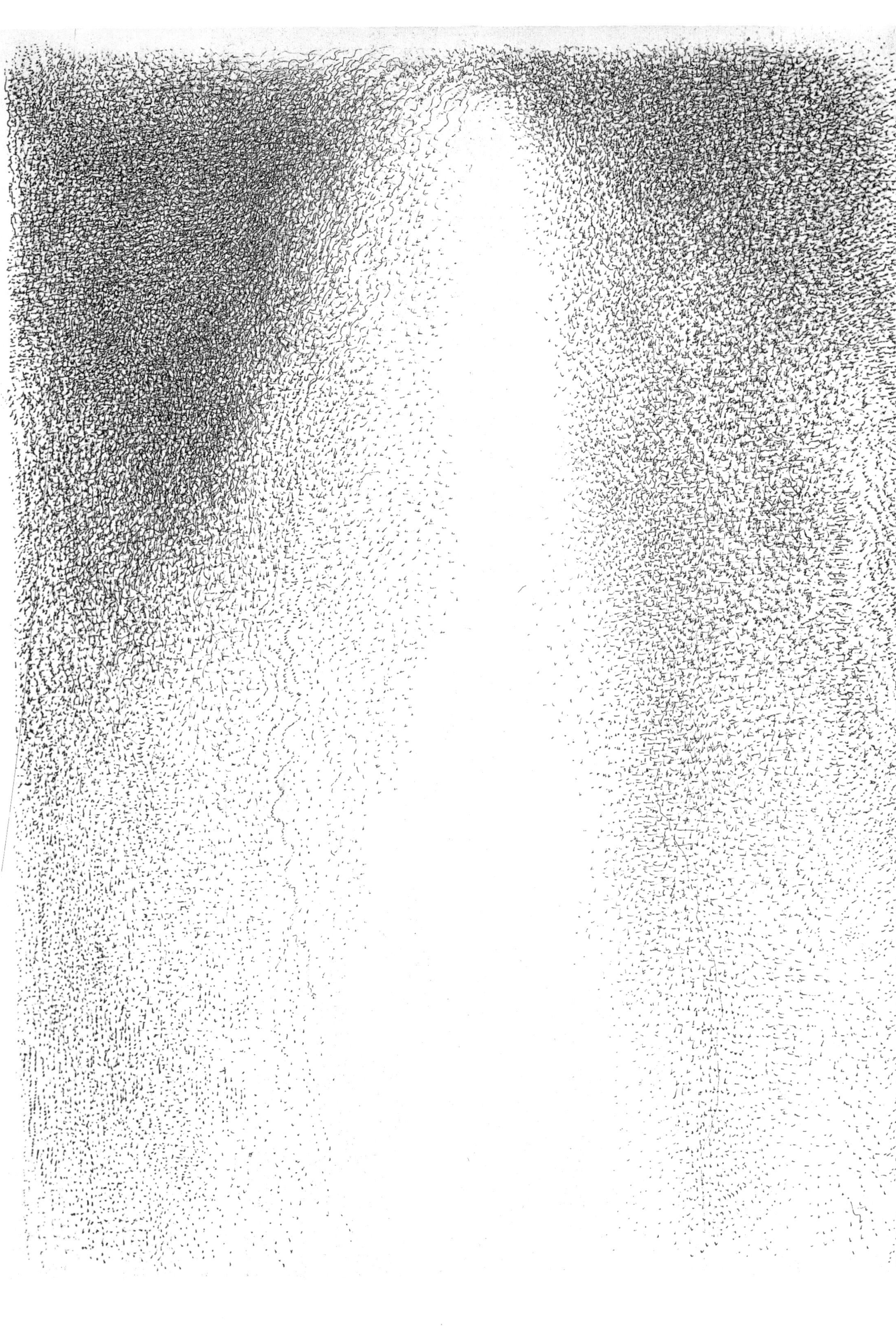

La Venue
1993
63 x 48 cm
—

Sculpter la lumière

Gregory Masurovsky a imaginé et a poursuivi son monde artistique en noir et blanc avec une concentration et une envergure exemplaires. Dans notre ère engourdie par la vitesse des «sound bites», des «replays» figés, et des couleurs criardes, il a pratiqué un art d'accumulation sur le blanc du papier, employant une gamme et des textures de noirs qui formaient (d'après son critique attitré et érudit, Michel Butor) «une agriculture d'encre». Malgré quelques incursions fécondes dans les techniques de la gravure sur bois et de l'eau-forte, l'expression principale de Masurovsky continue d'être celle de l'écolier français traditionnel: la plume sergent-major, trempée dans l'encrier noir, puis grattée sèchement et librement sur les surfaces sympathiques d'une variété de formats de papier.

Une telle application résolue est exceptionnelle à notre époque, et l'on devrait remonter, beaucoup plus loin dans le passé, aux divins et excentriques graveurs tel le Maître du Livre de la Maison ou Hercules Seghers pour voir de telles complexités de textures et de lignes sans fin que la pratique de Masurovsky produit quotidiennement. Son application et son procédé, pourtant, ne pourraient qu'être des plus modernes, avec ses mouvements et contre-mouvements rythmiques et détaillés, ses séquences en staccato, ses marques dessinées en écheveau. La condition de la musique, d'après Walter Pater, à laquelle tout art aspire, est délibérément invoquée par Masurovsky, autant dans la forme que dans le contenu. La chaîne et la trame de ses compositions deviennent une partie cumulative du clair-obscur atmosphérique qui définit ses ombres vivantes, qui évoque un ensemble de présences.

Comme Giacometti, qu'il croisait régulièrement dans les rues de Montparnasse, Masurovsky est autant fortement intéressé par l'espace qui entoure des objets que par les objets eux-mêmes. Il poursuit cette interaction cruciale en employant un vocabulaire graphique de touches qui s'étendent de la douceur d'un cheveu d'ange à la dureté d'une écharde. Masurovsky a dit que dessiner c'est «sculpter la lumière», révéler les plis d'illumination. Il vise à articuler non seulement l'ensoleillement de tous les jours, mais aussi cette ancienne lueur cosmique des ciels de nuit… Les lignes foncées de ses toiles graphiques modulent leur blancheur virginale lorsqu'il cherche à capter la matérialité avec la transcendance. Masurovsky s'élève des terres noires de sa «fourmilière» (encore Butor), aux profondeurs infinies de sa «poussière d'étoile».

James Thompson
Historien d'art et critique

To Sculpt Light

Gregory Masurovsky has imagined and pursued his artistic world of black and white with uncommon focus and breadth. In our benumbed era of speedy sound bites, frozen replays, and garish colours, he has practiced an art of cumulative accretion on the white of the paper, employing a range and texture of black that comprises (according to his richest and most extensive critic Michel Butor) "an agriculture of ink". Despite some fertile forays into woodcut and etching, Masurovsky's principal medium of expression has continued to be that of a traditional French schoolboy: a sergeant-major pen, dipped in a black inkwell, then scratched dryly and freely over the sympathetic surface of a range of paper sizes.

Such single-minded focus is exceptional in our time, and you must search much further back to such divine printmaking eccentrics as the Housebook Master or Hercules Seghers to see such complex textures or endless lines as Masurovsky's practice daily yields. His application and process, though, could hardly be more modernist, with his detailed rhythmic movement and counter movement, his staccato sequences, his skeins of mark making. The condition of music to which Walter Pater claimed all art aspires is deliberately invoked both in Masurovsky's form and content. The warp and weft of his compositions become a cumulative part of the atmospheric chiaroscuro that defines his living shadows, which evoke a range of presences.

Like Giacometti, whom he used to pass regularly on Montparnasse streets, Masurovsky is as strongly concerned with the space surrounding his objects as with the objects themselves. He pursues that crucial interaction by employing a graphic vocabulary of touch, ranging from angel hair soft to splinter hard. Masurovsky has said that to draw is to "sculpt in light", to find folds of illumination. He aims to articulate not just everyday sunlight but also the ancient cosmic glow of night skies. The dark lines of his graphic webs modulate his virgin whites as he seeks to entrap the terrestrial along with the transcendent. Masurovsky rises from the earthy darks of his "ant farm" (Butor again), to the infinite depths of his "stardust".

James Thompson
Art Historian and Critic

Les natures mortes
Still Lifes

Je dessine un objet
comme si c'est une offrande
aux dieux.

I draw an object as though
it were an offering
to the gods.

La Rose trémière dans un verre
1991
63 x 48 cm
—

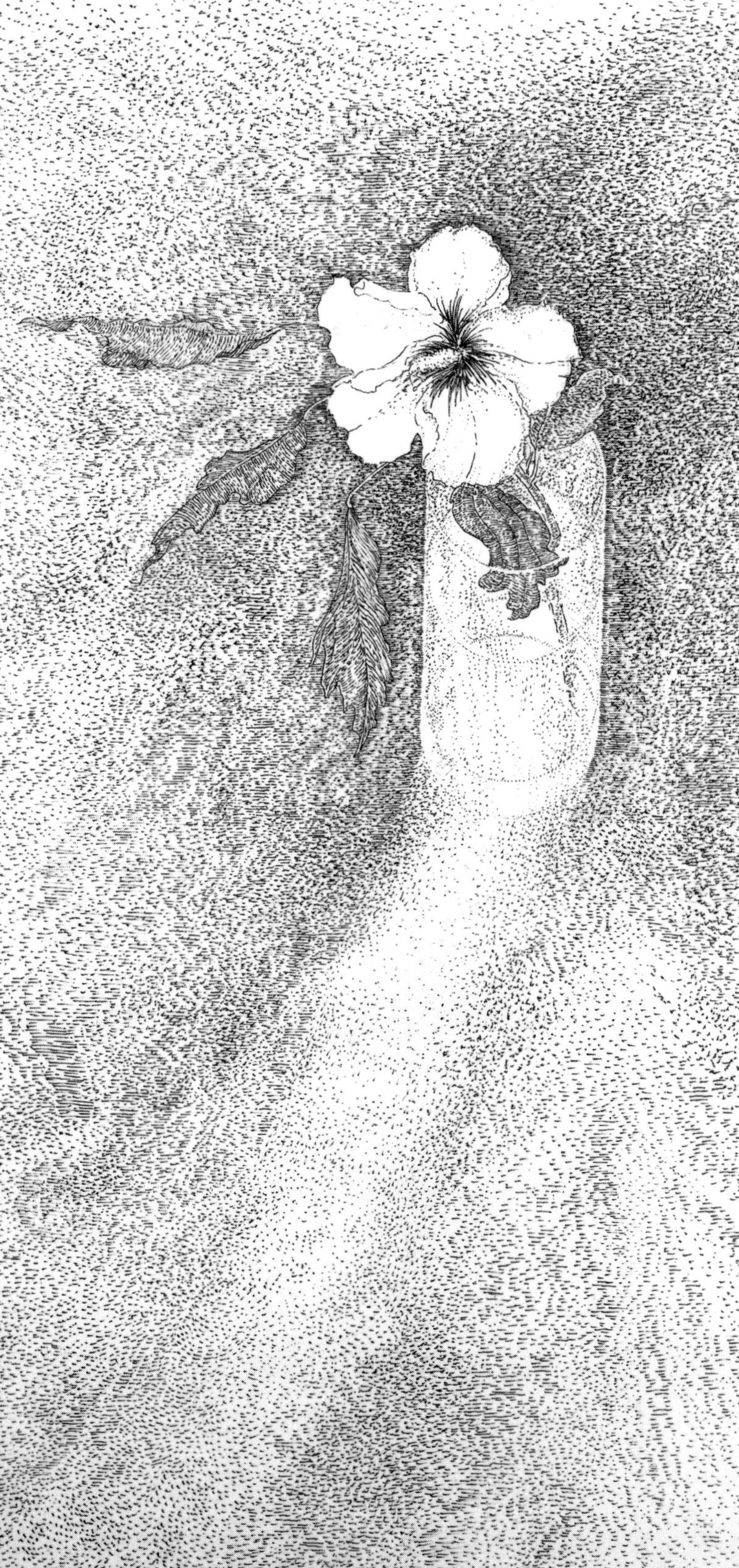

L'Orange
1990
63 x 48 cm
—

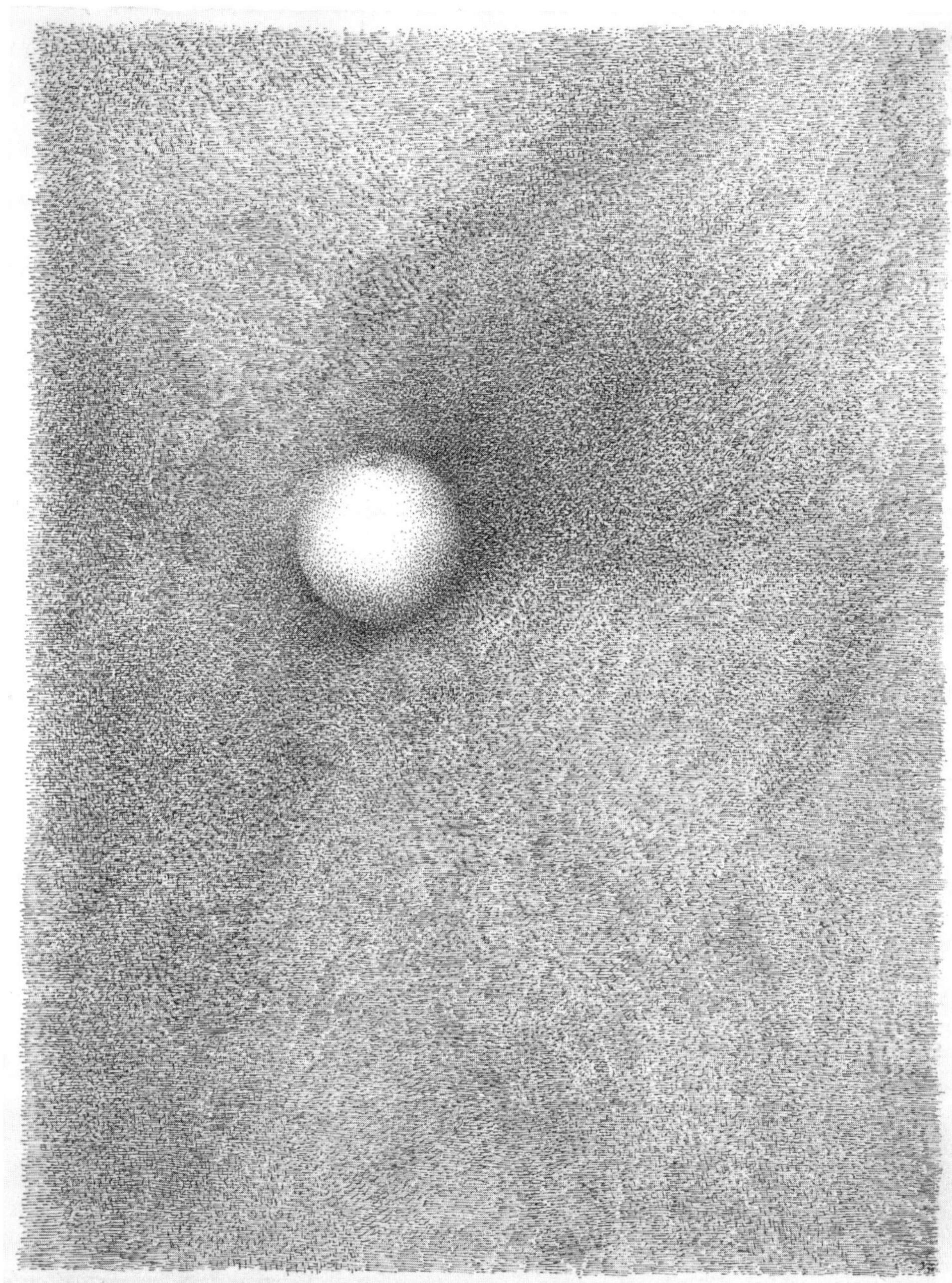

Une orange est une lointaine planète
sur la table de cuisine.

An orange is a faraway planet
on the kitchen table.

La Primevère
1977
63 x 48 cm
—

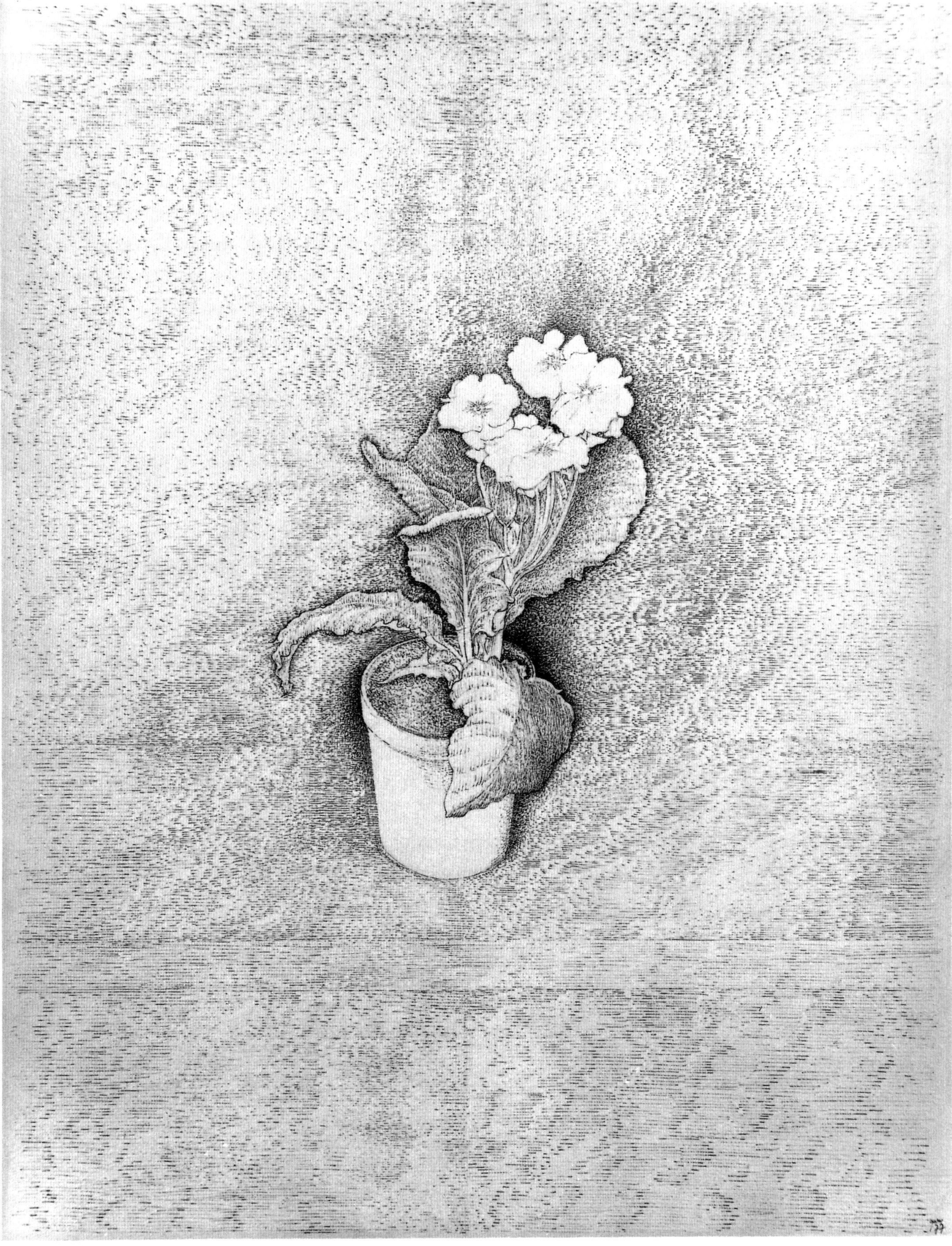

Le Camélia
1984
63 x 48 cm
—

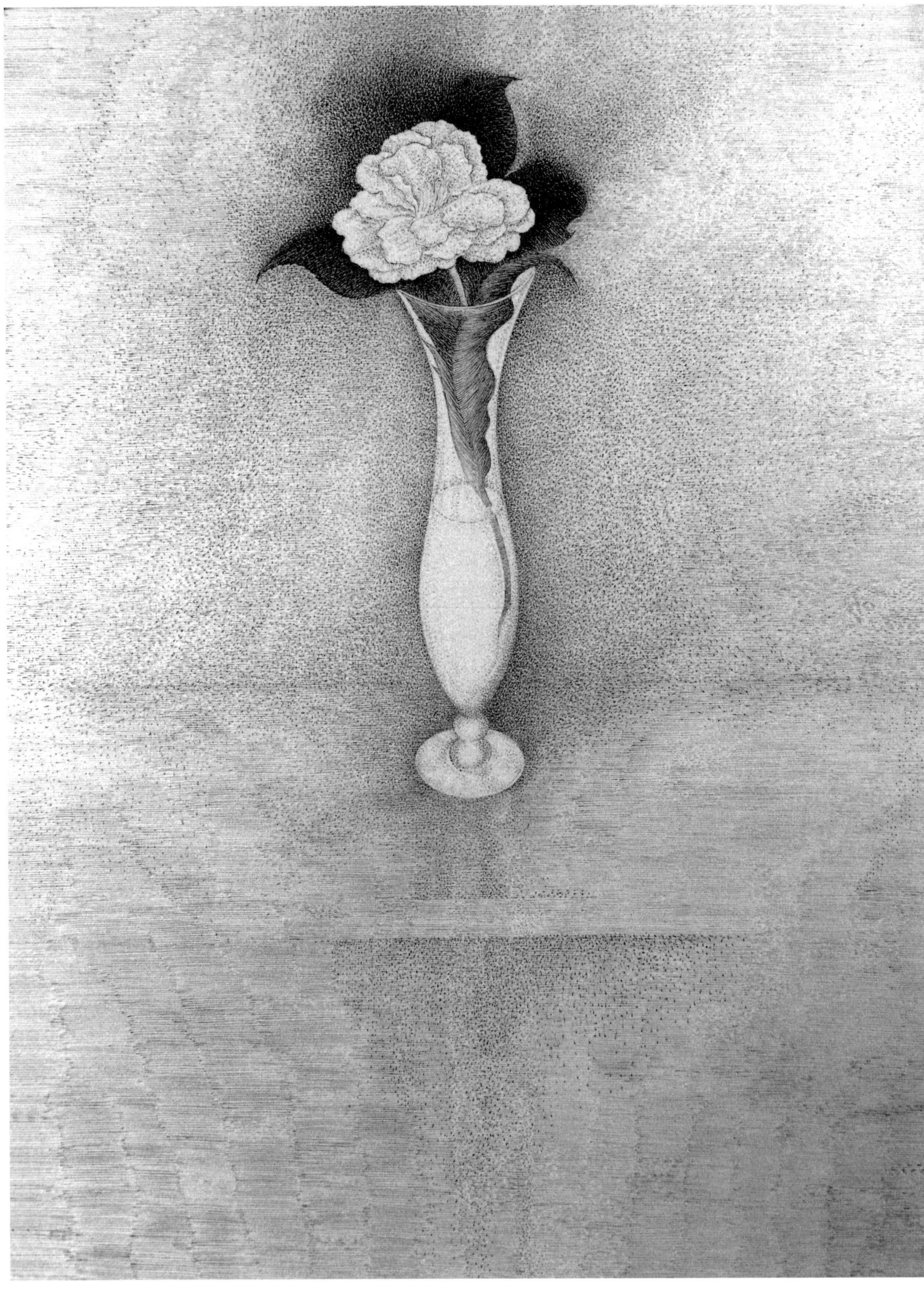

La Poire
1992
63 x 48 cm
—

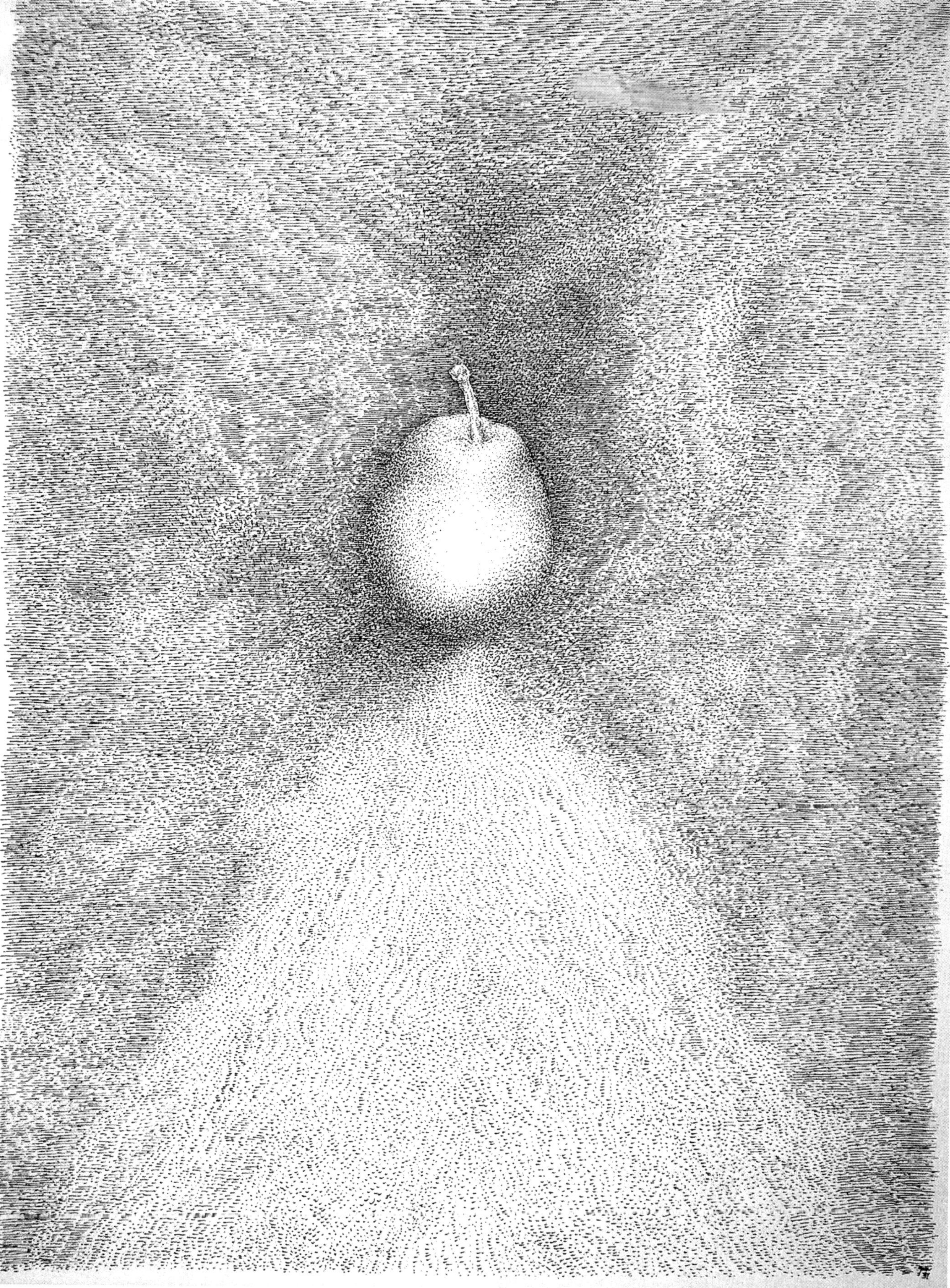

La Bouteille emballée
1985
63 x 48 cm
—

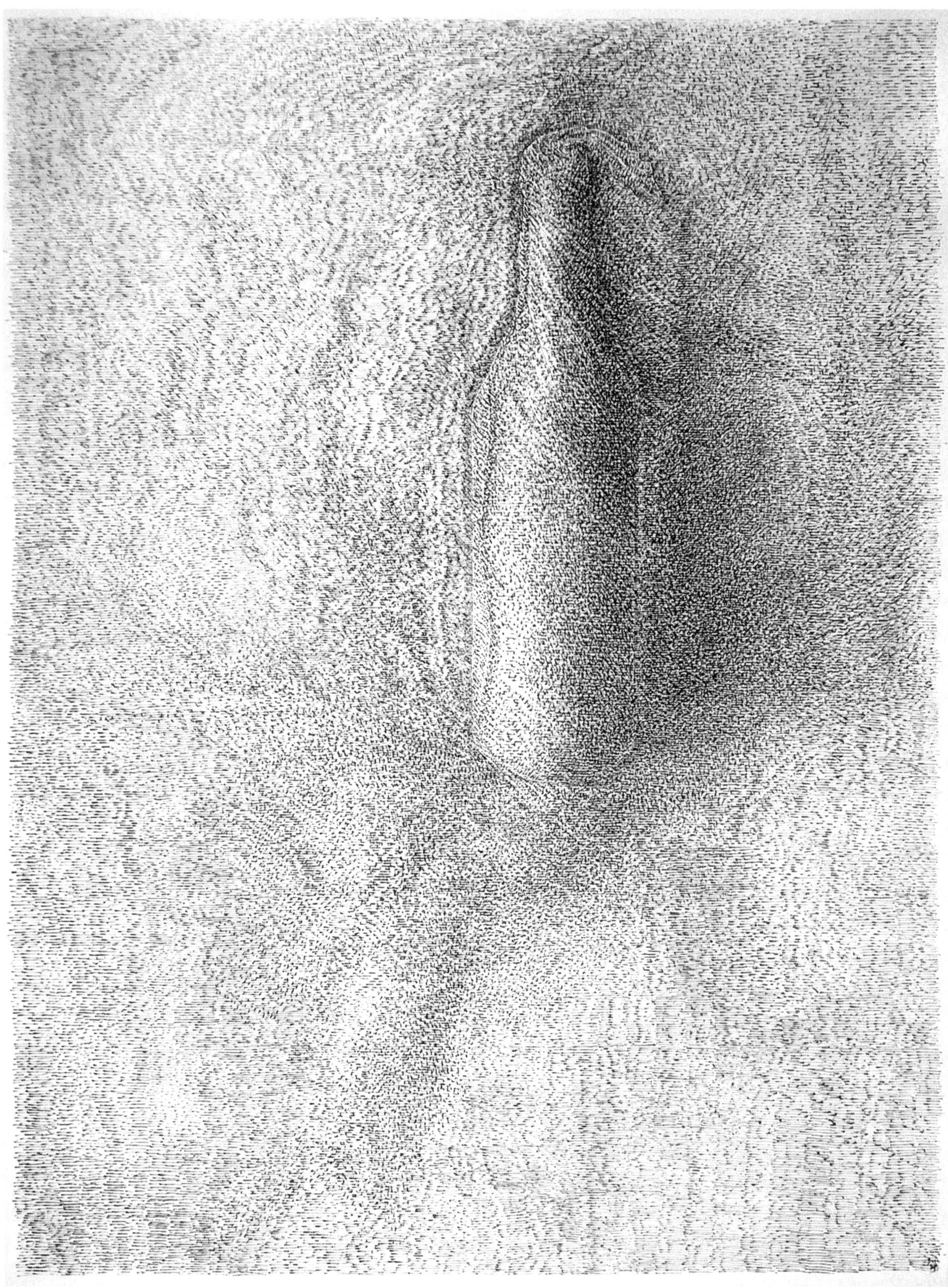

Le Muguet
1984
63 x 48 cm
—

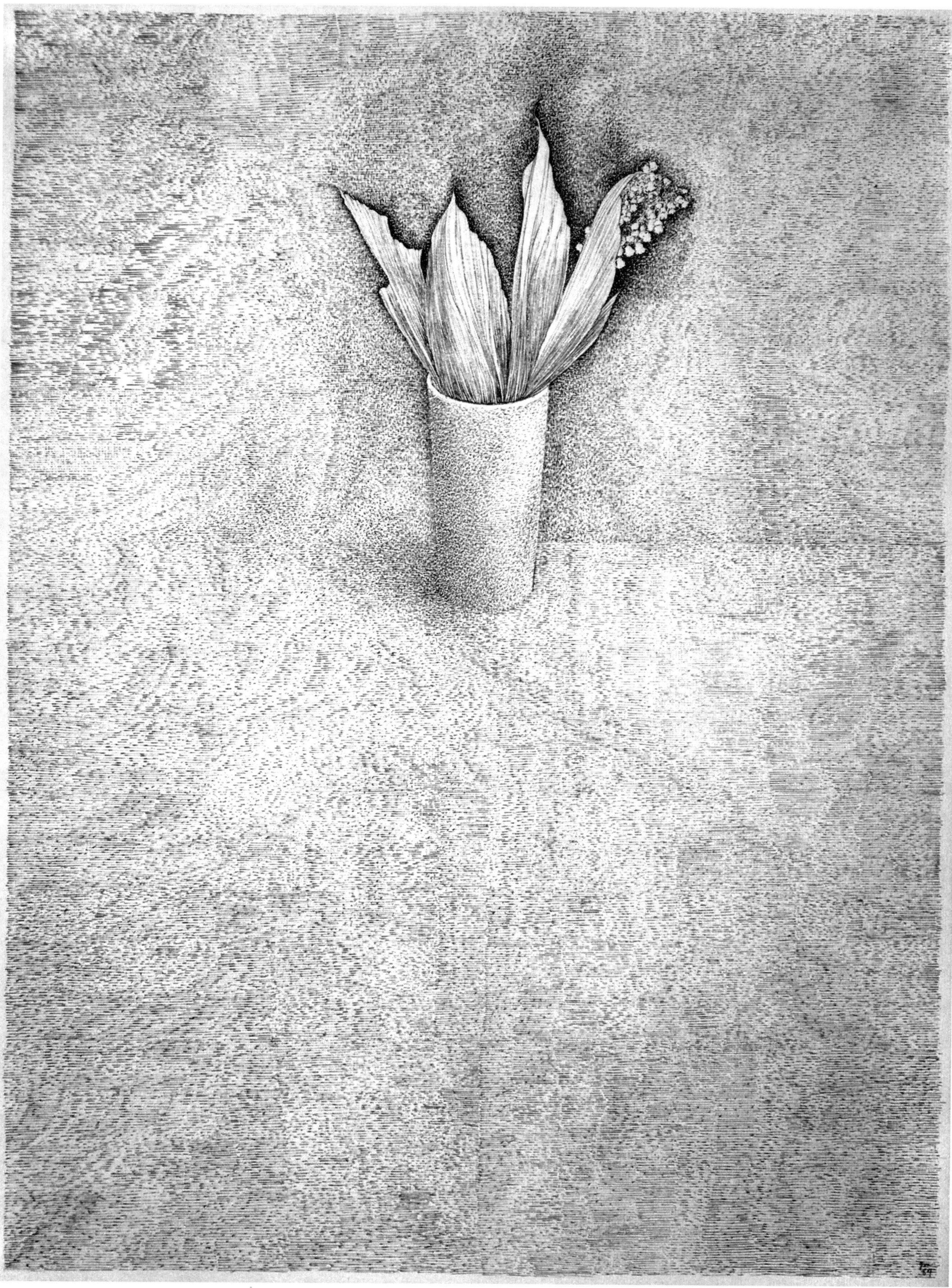

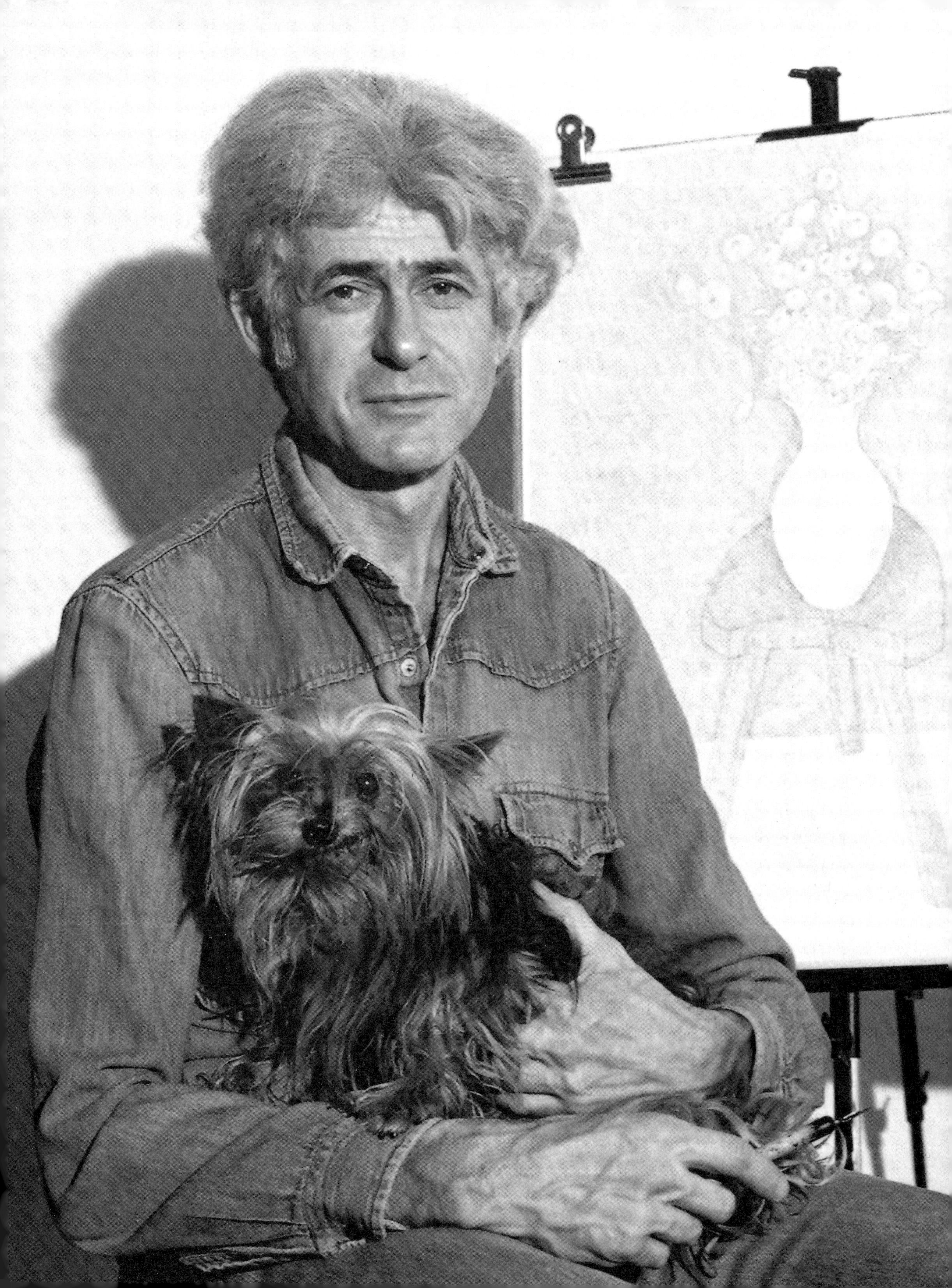

Portrait de Sardi
1977
63 x 48 cm
—

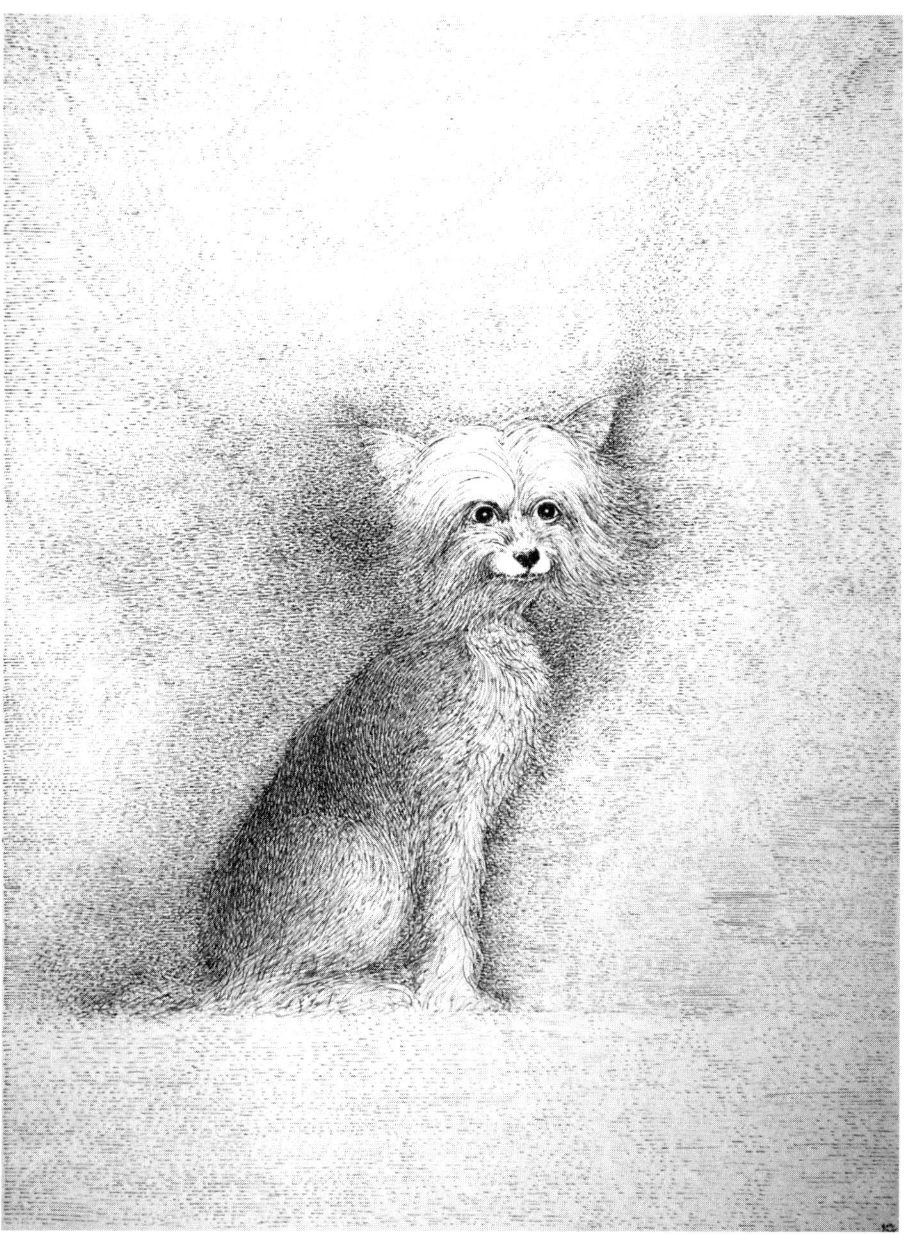

L'atelier
The Artist's Studio

La Table de travail
1990
65 x 100 cm
—

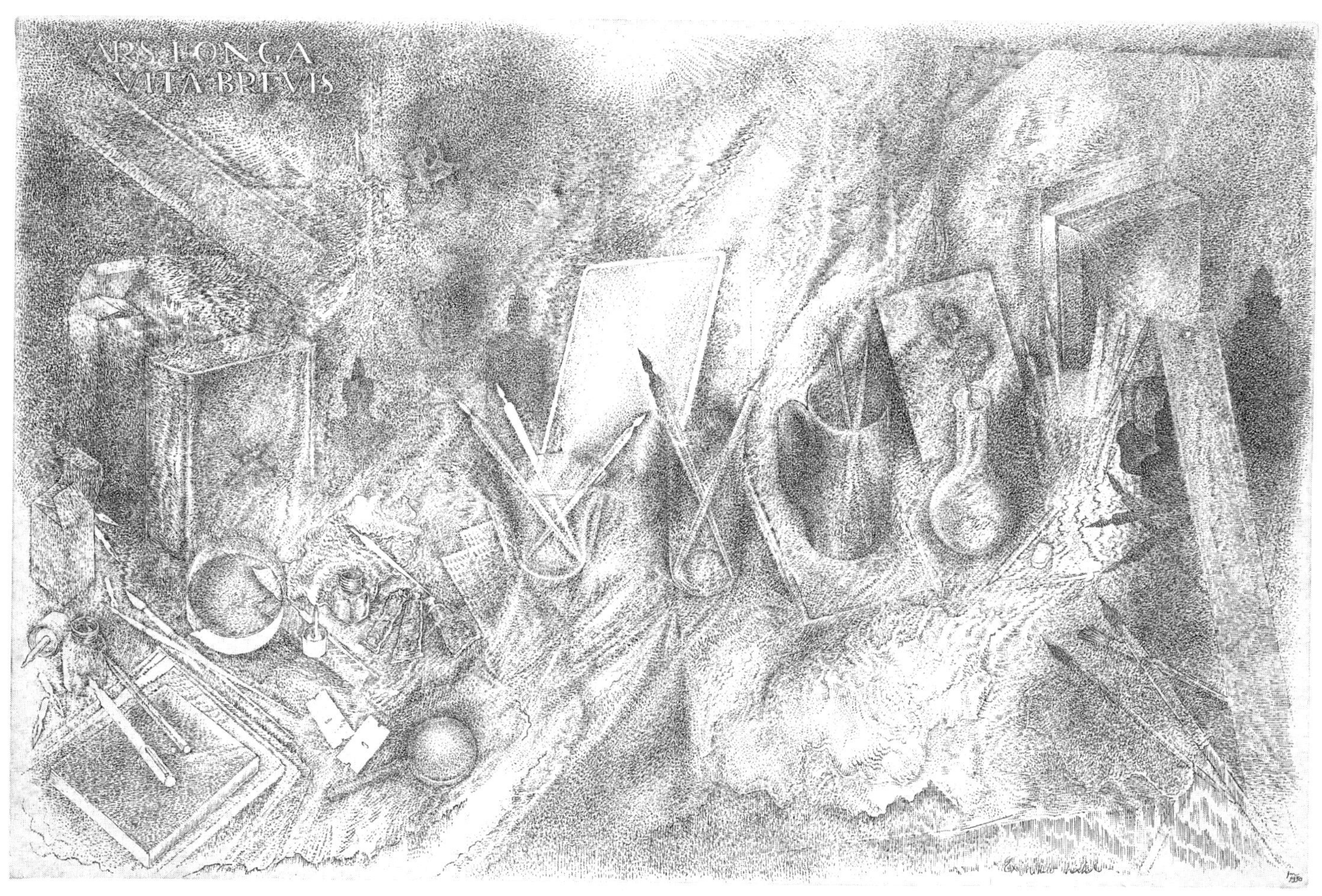

L'art a beaucoup en commun
avec la recherche scientifique.

Art has a lot in common
with scientific research.

Scène d'atelier
2003
96 x 65 cm
—

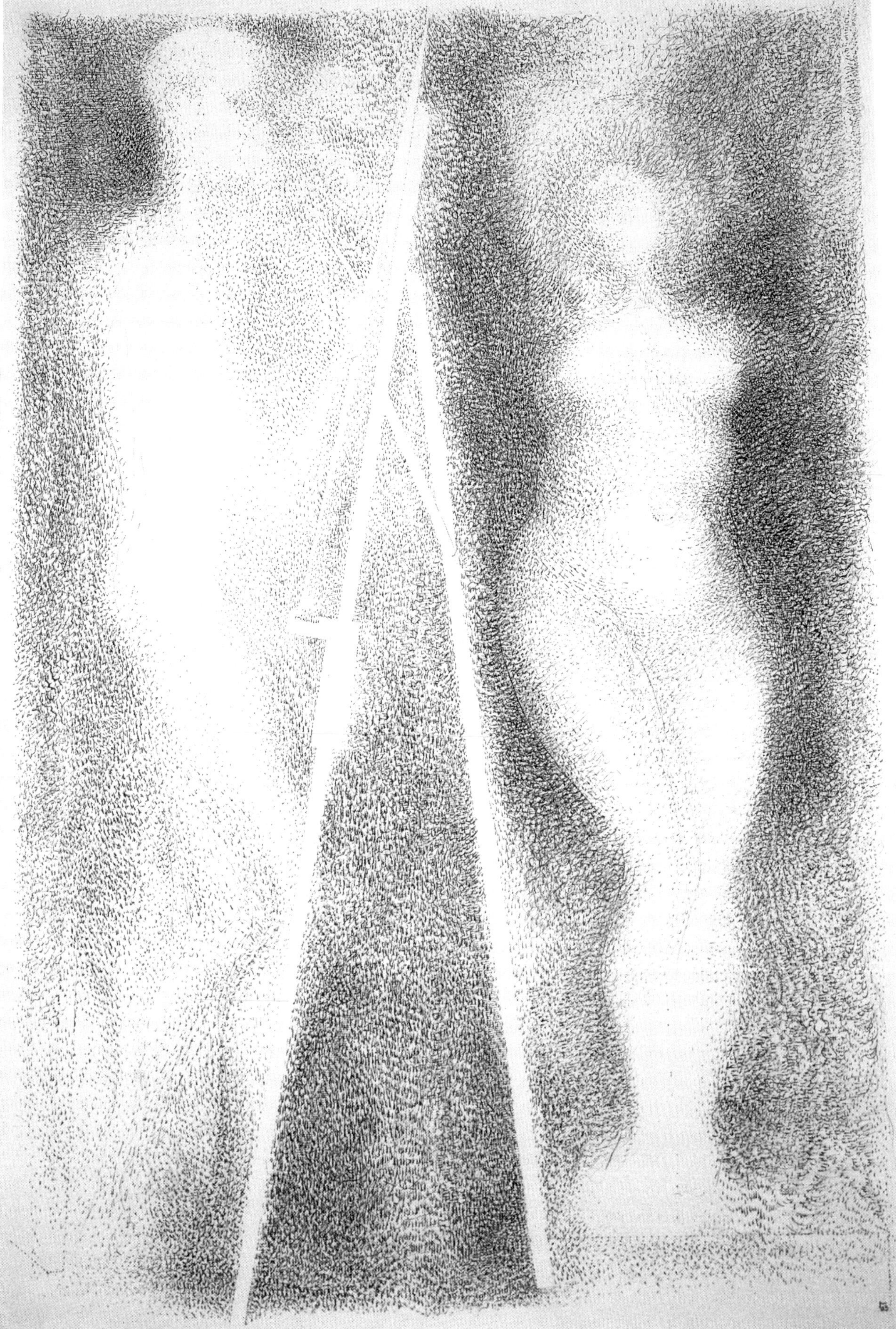

Modèle au miroir
1998
96x65 cm
—

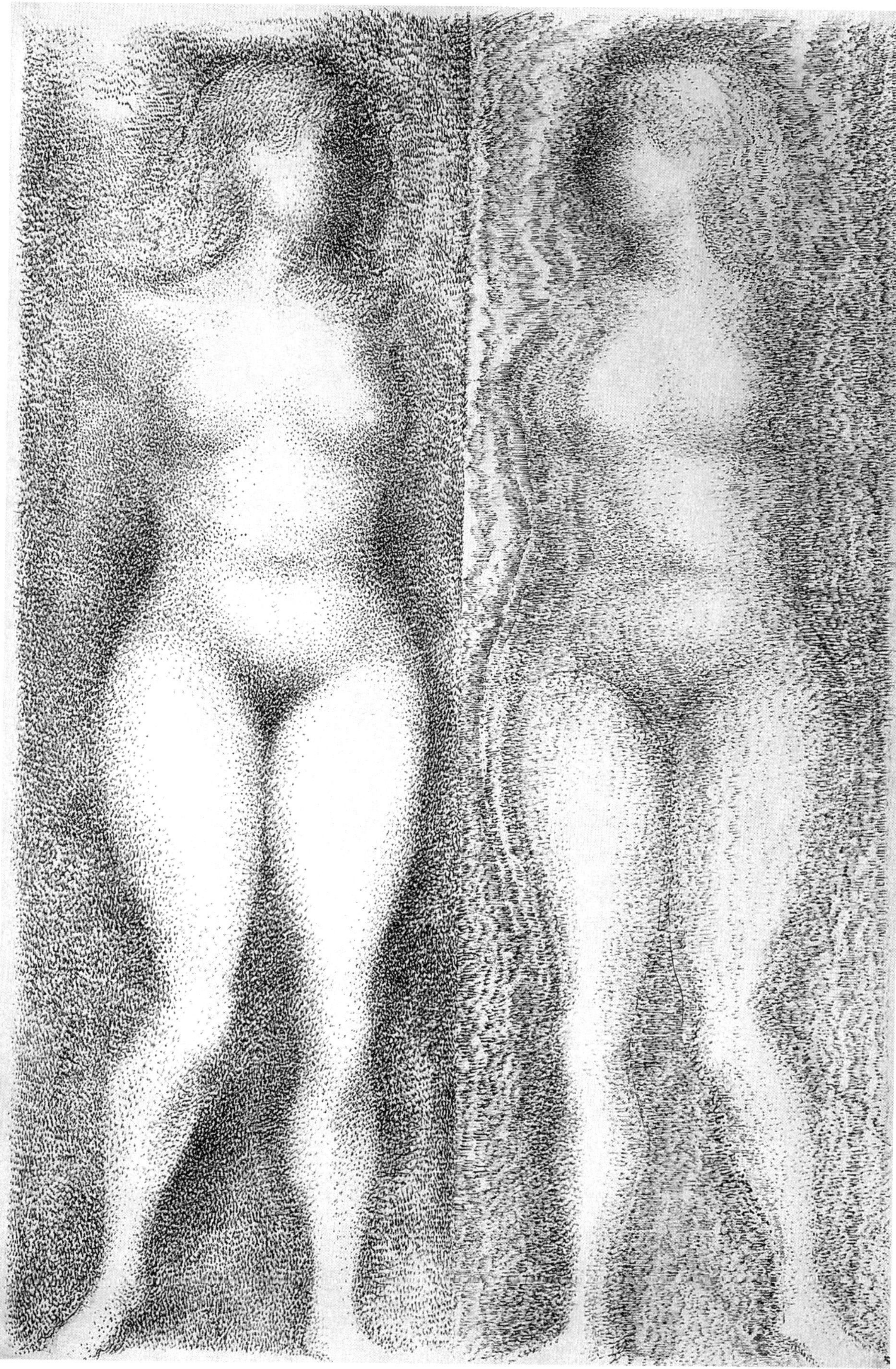

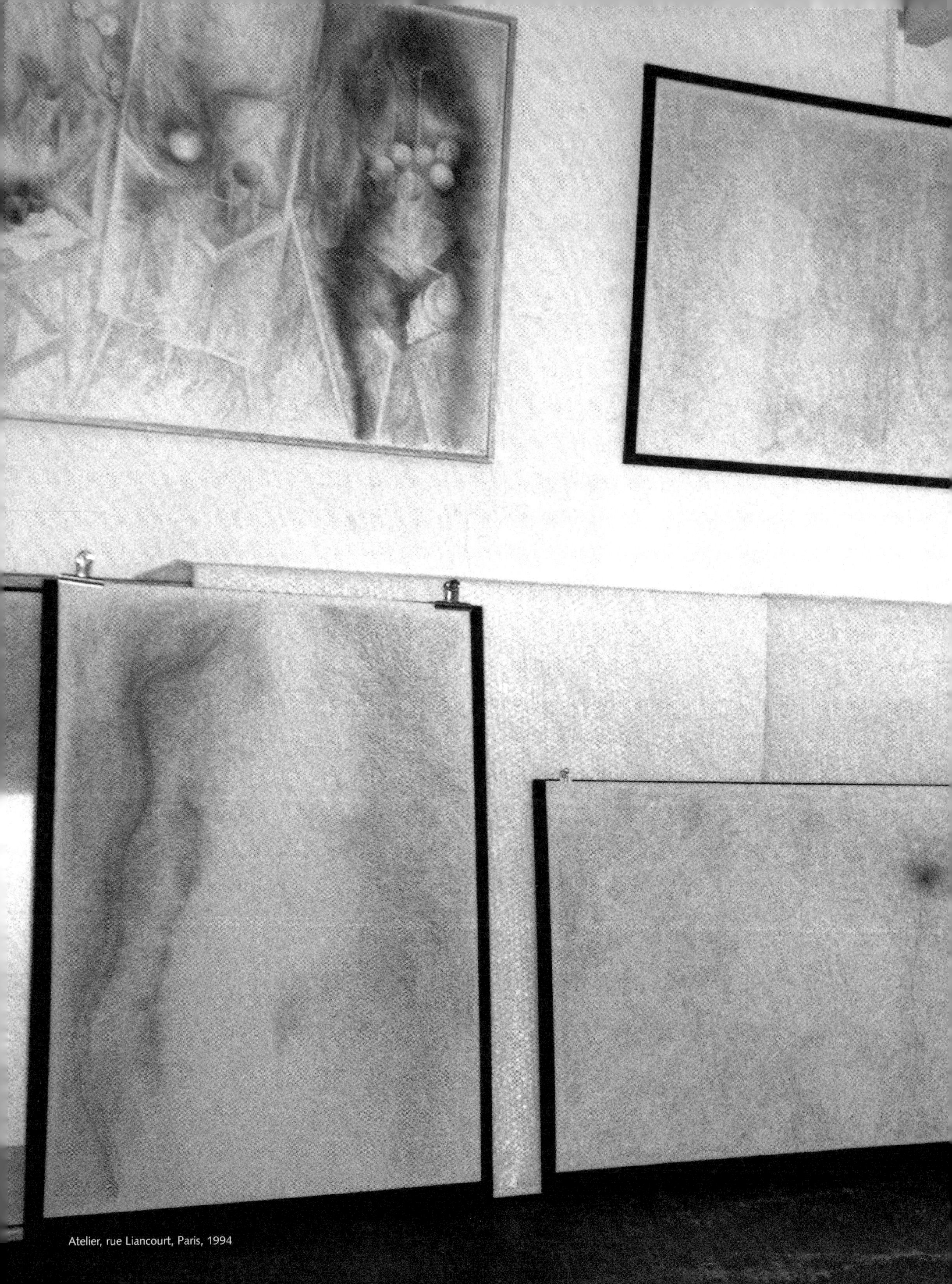

Atelier, rue Liancourt, Paris, 1994

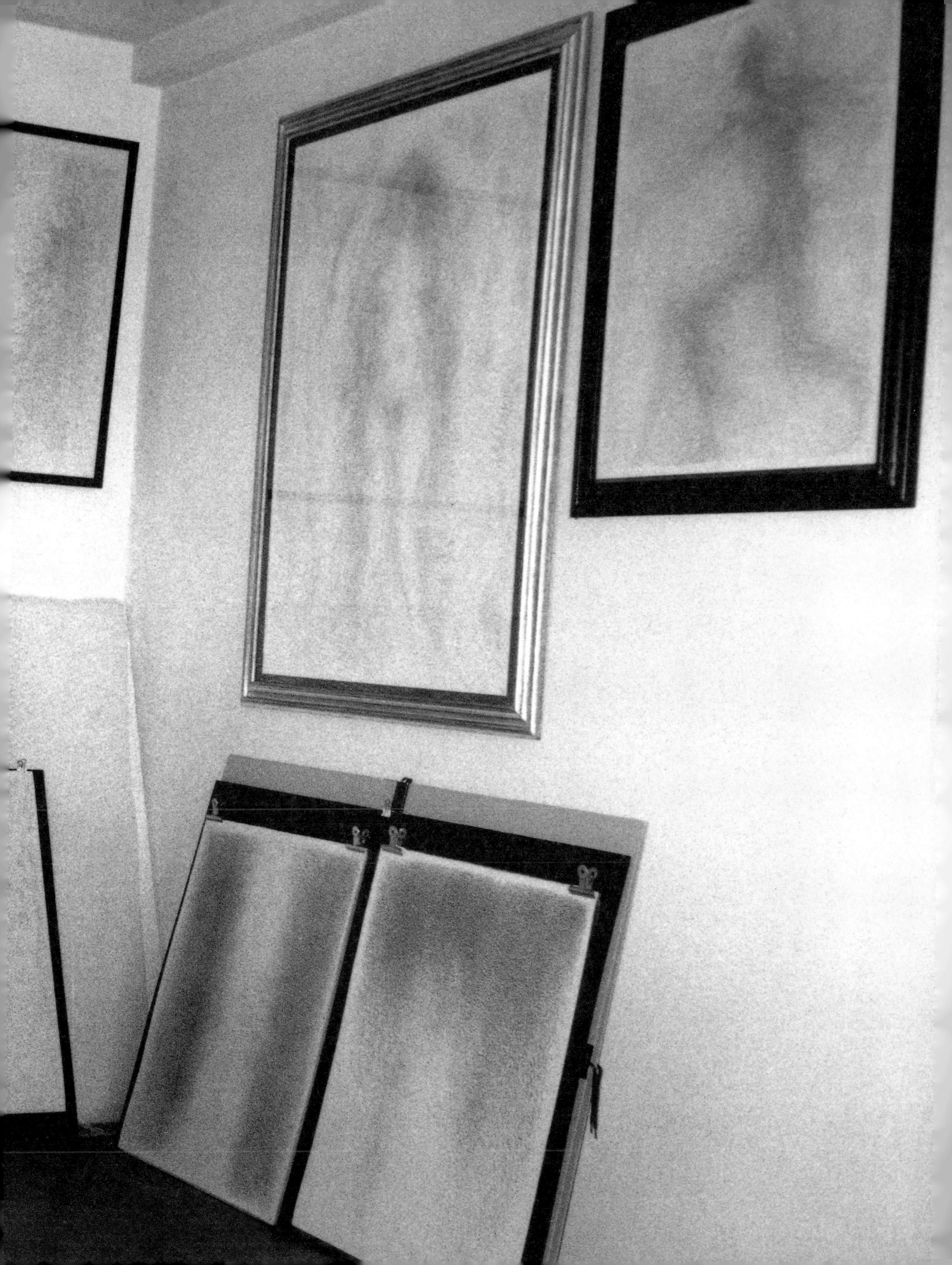

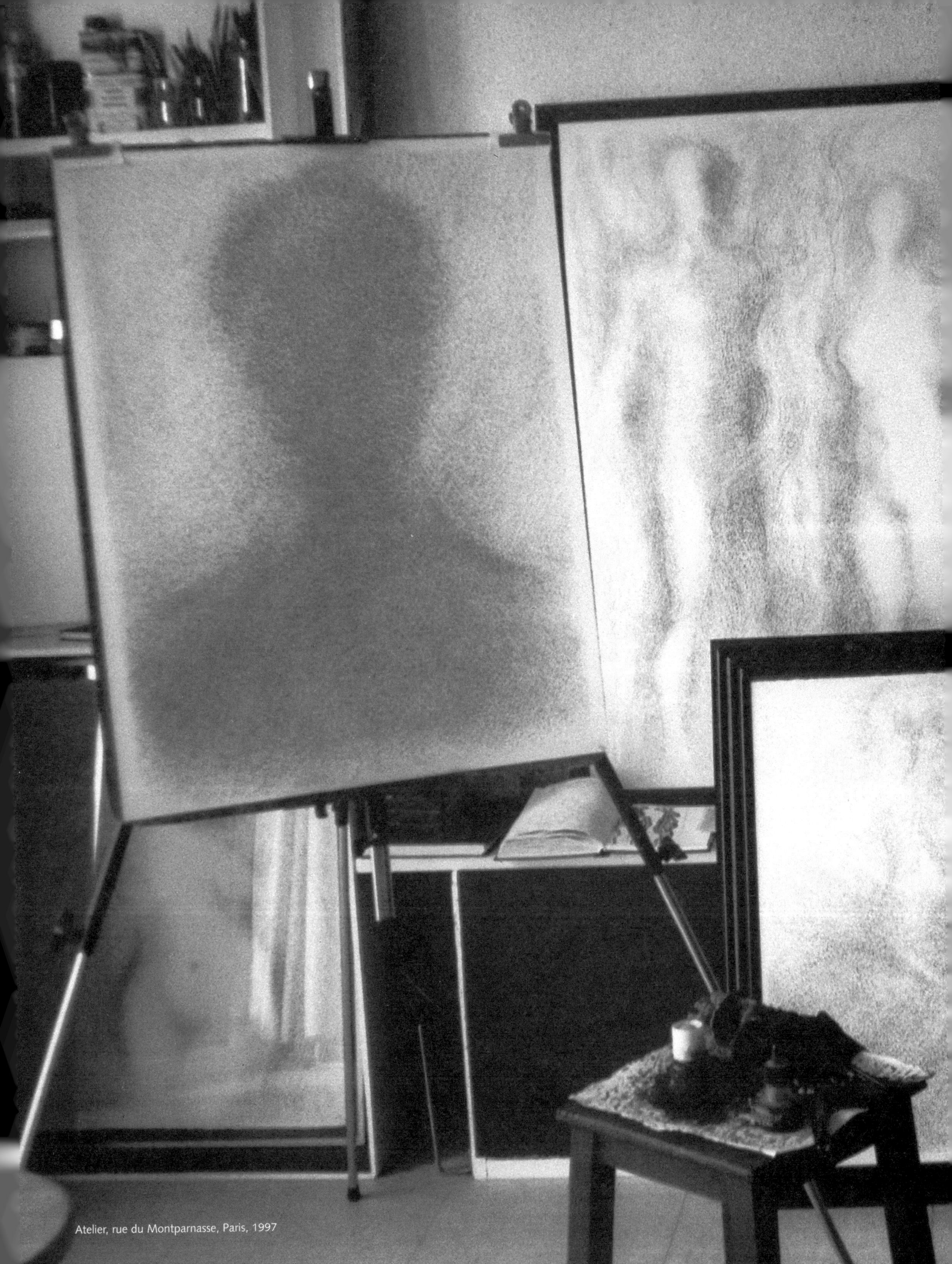

Atelier, rue du Montparnasse, Paris, 1997

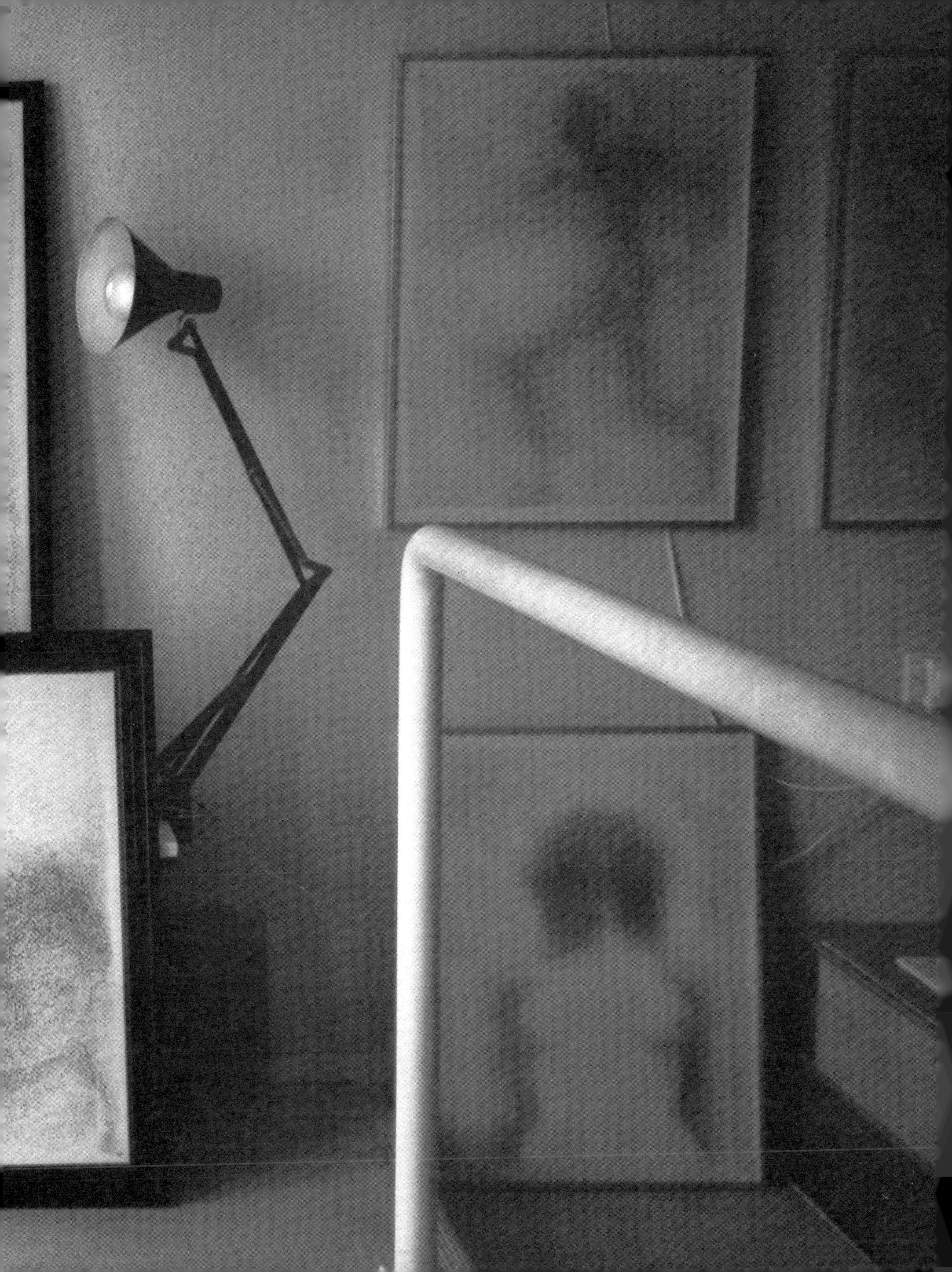

La dixième planète
The Tenth Planet

Les astronomes pensaient
avoir découvert une dixième planète
qui jouait à cache-cache avec
leurs télescopes avant de disparaître.

The astronomers thought they
discovered a tenth planet
which played hide-and-seek with their
telescopes before disappearing.

La Dixième Planète – I
1992
33 x 25 cm
—

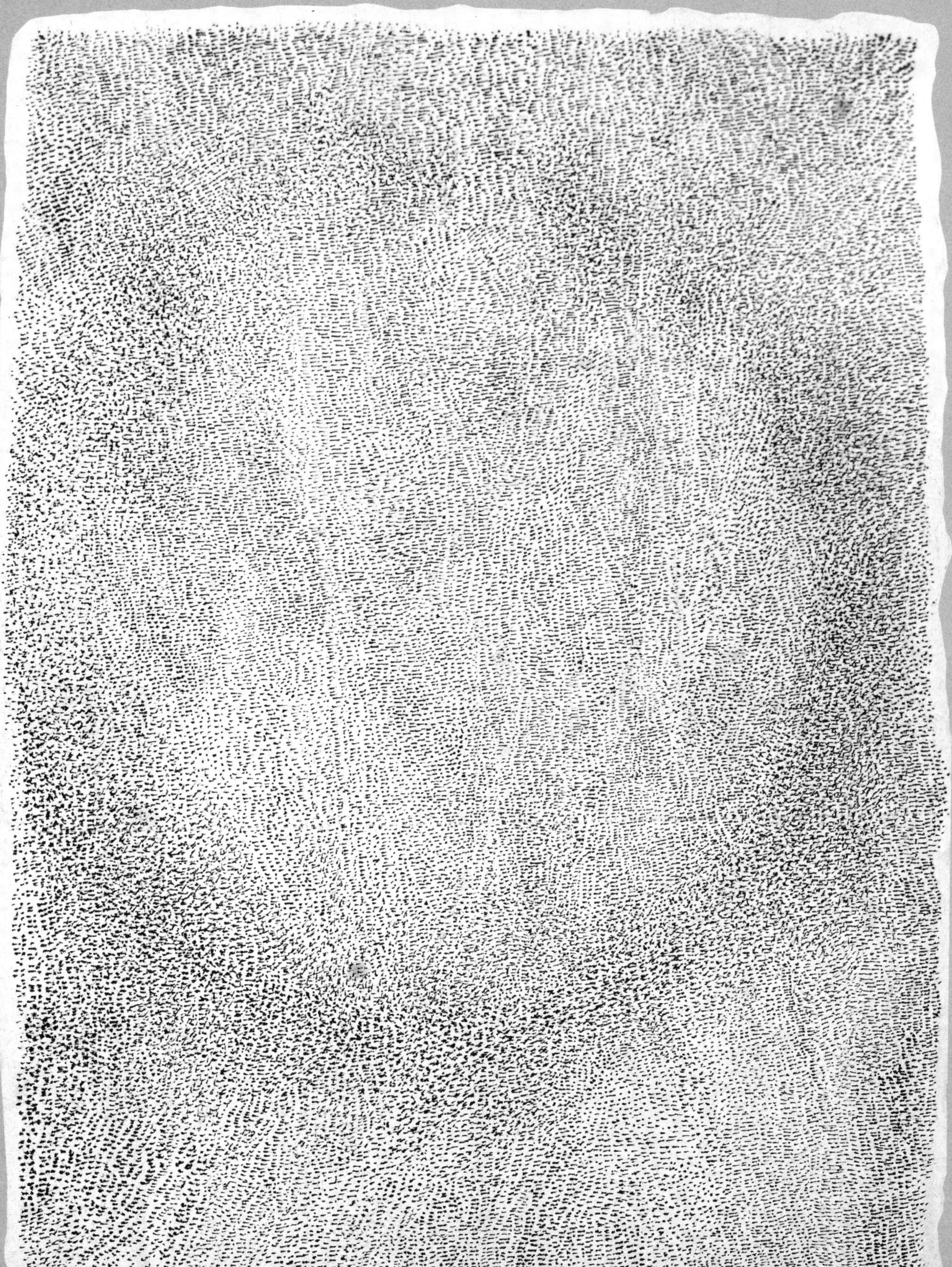

II

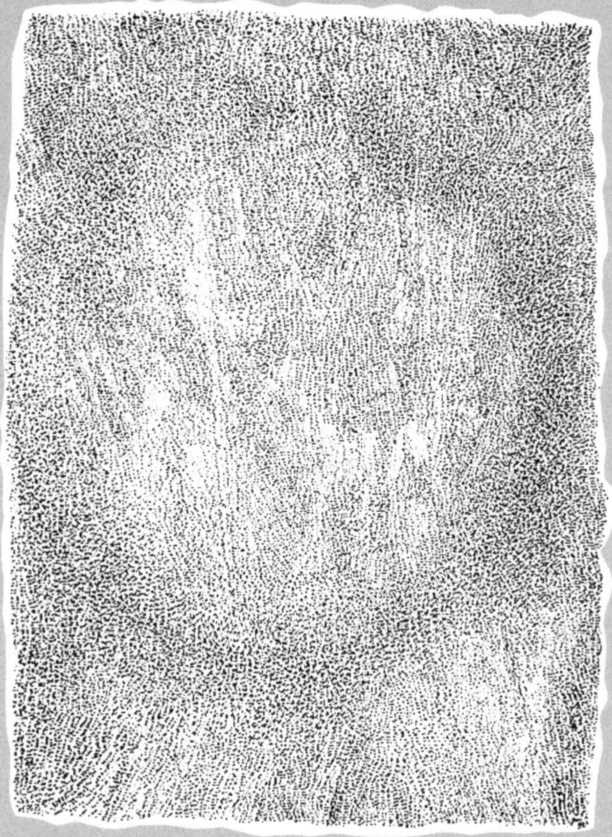

IV

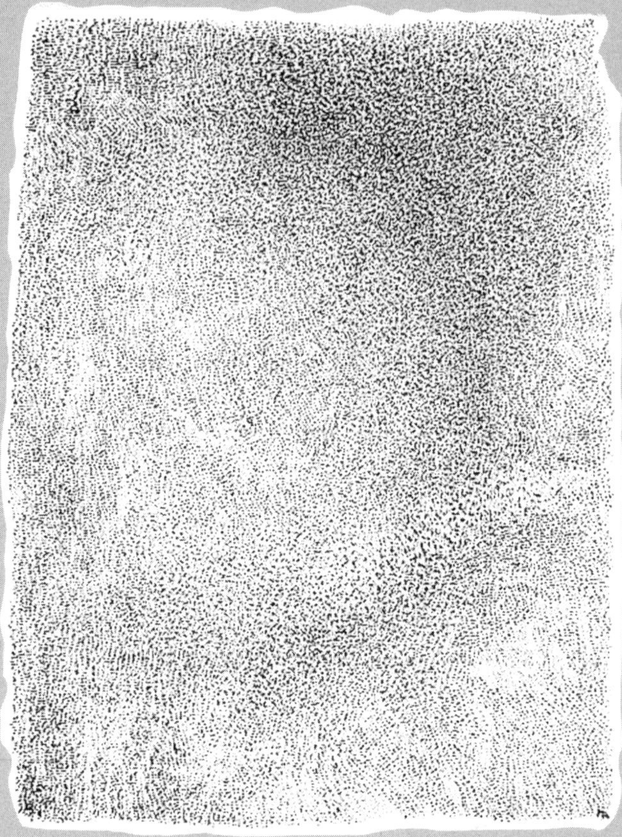

V

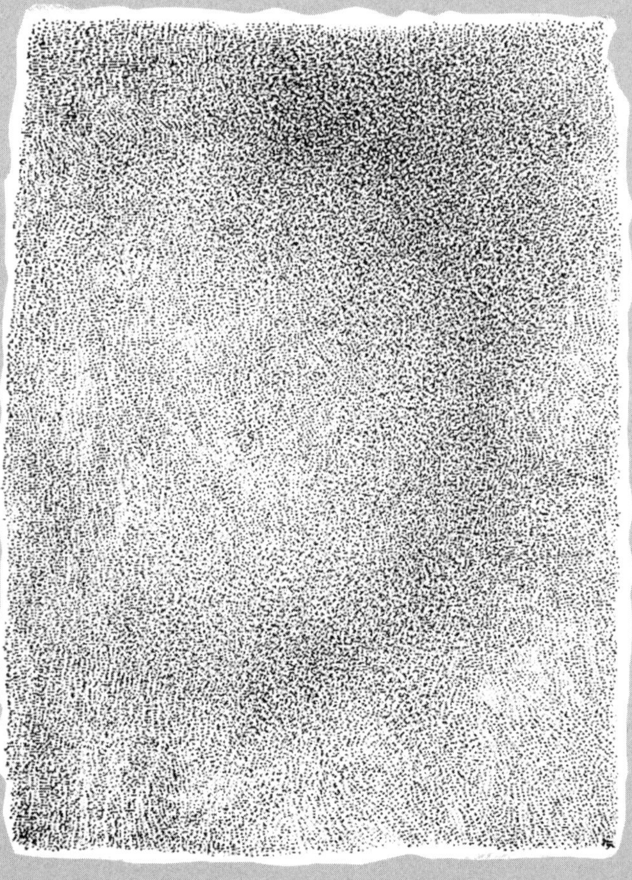

VI

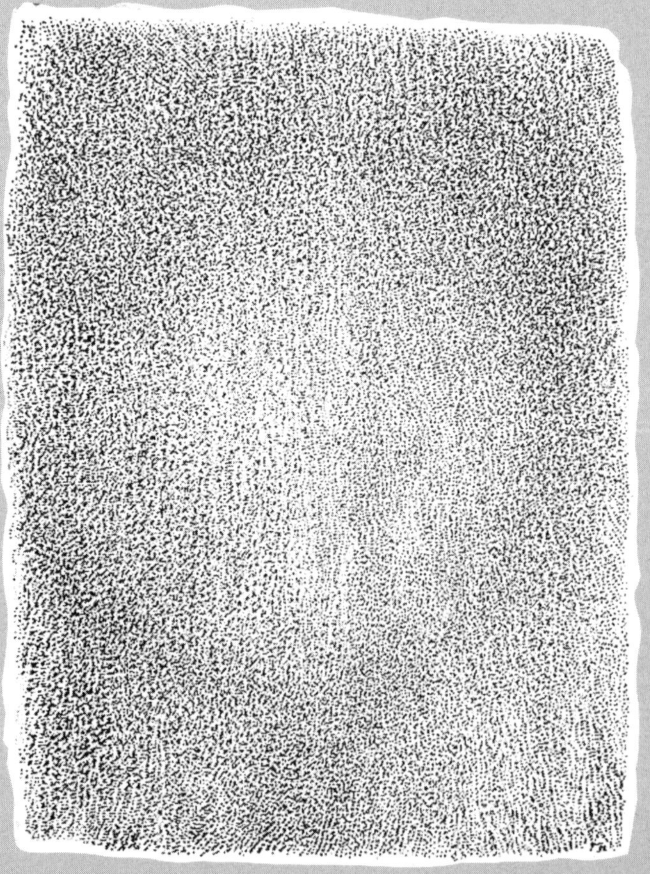

VII

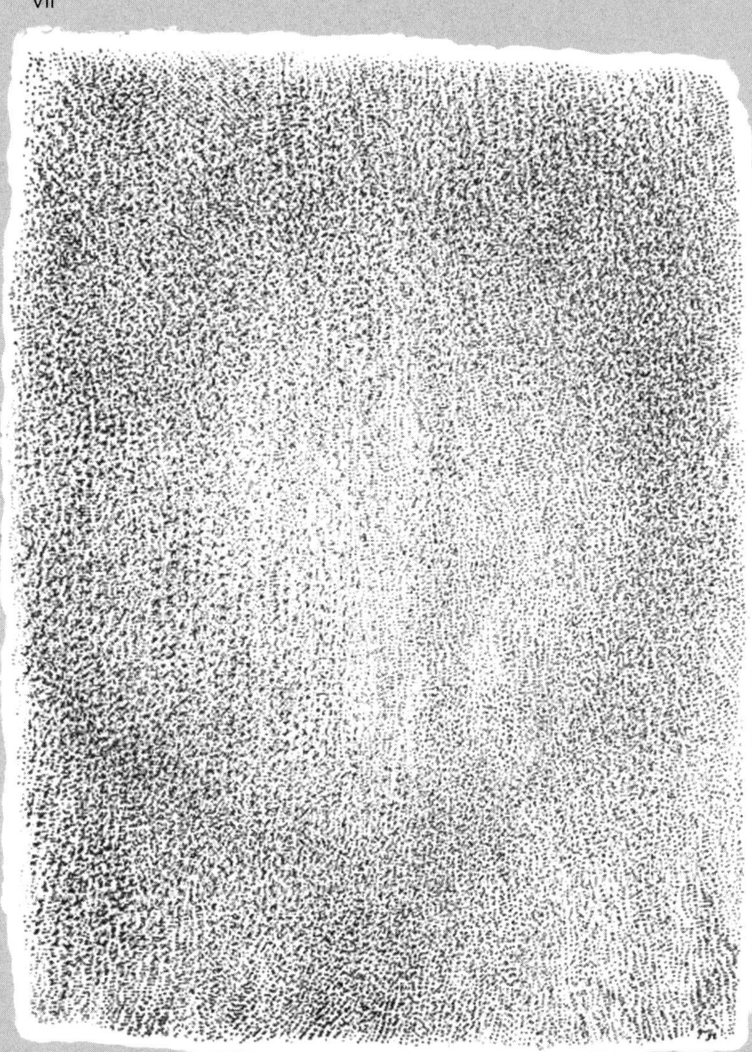

La jeune femme
et la mort
Death and The Maiden

La Jeune Femme et la Mort
1997
96x65 cm
—

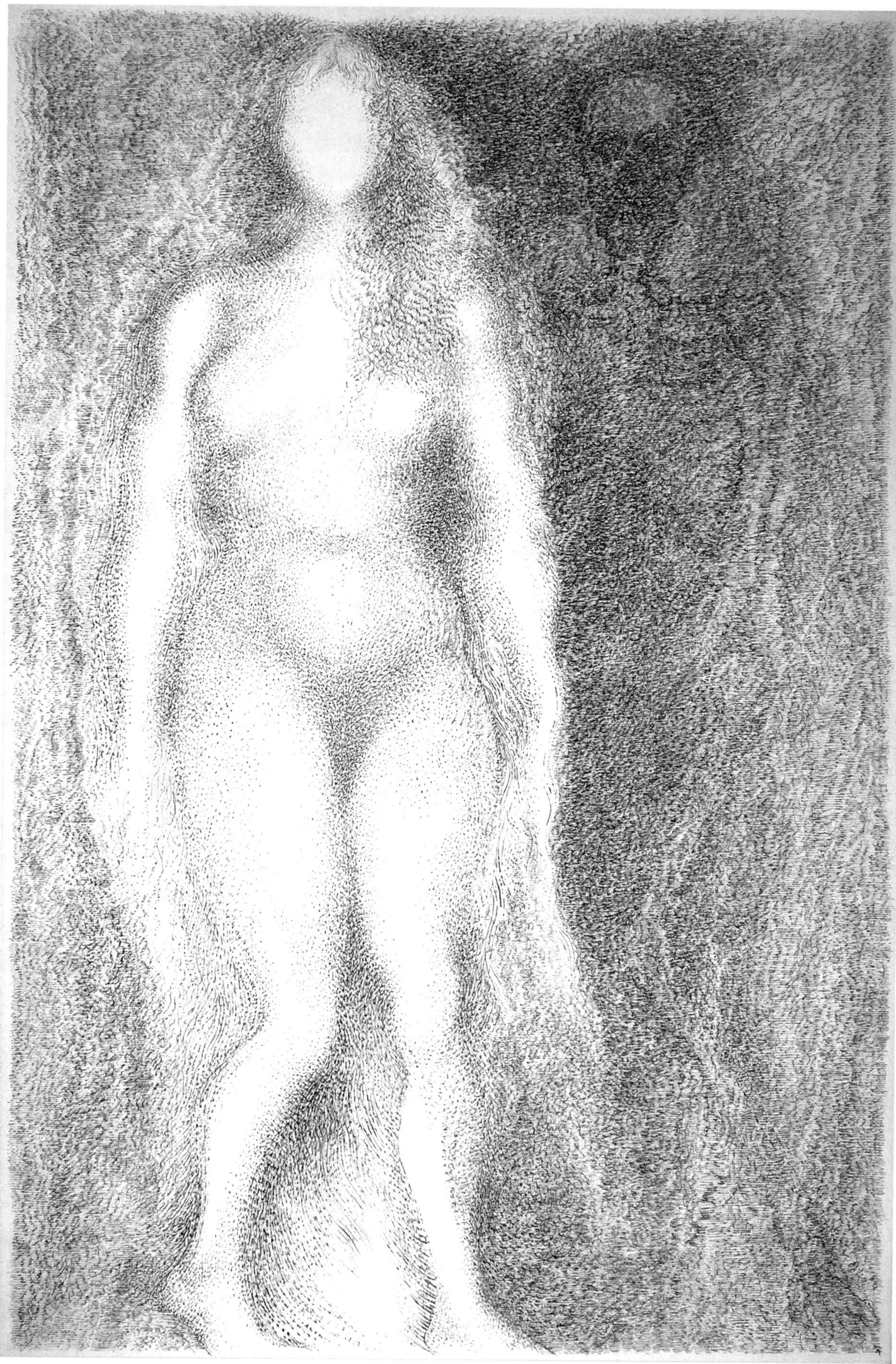

La Jeune Femme et la Mort
1998
66 x 51 cm
—

La Jeune Femme et la Mort
1998
66x51 cm
—

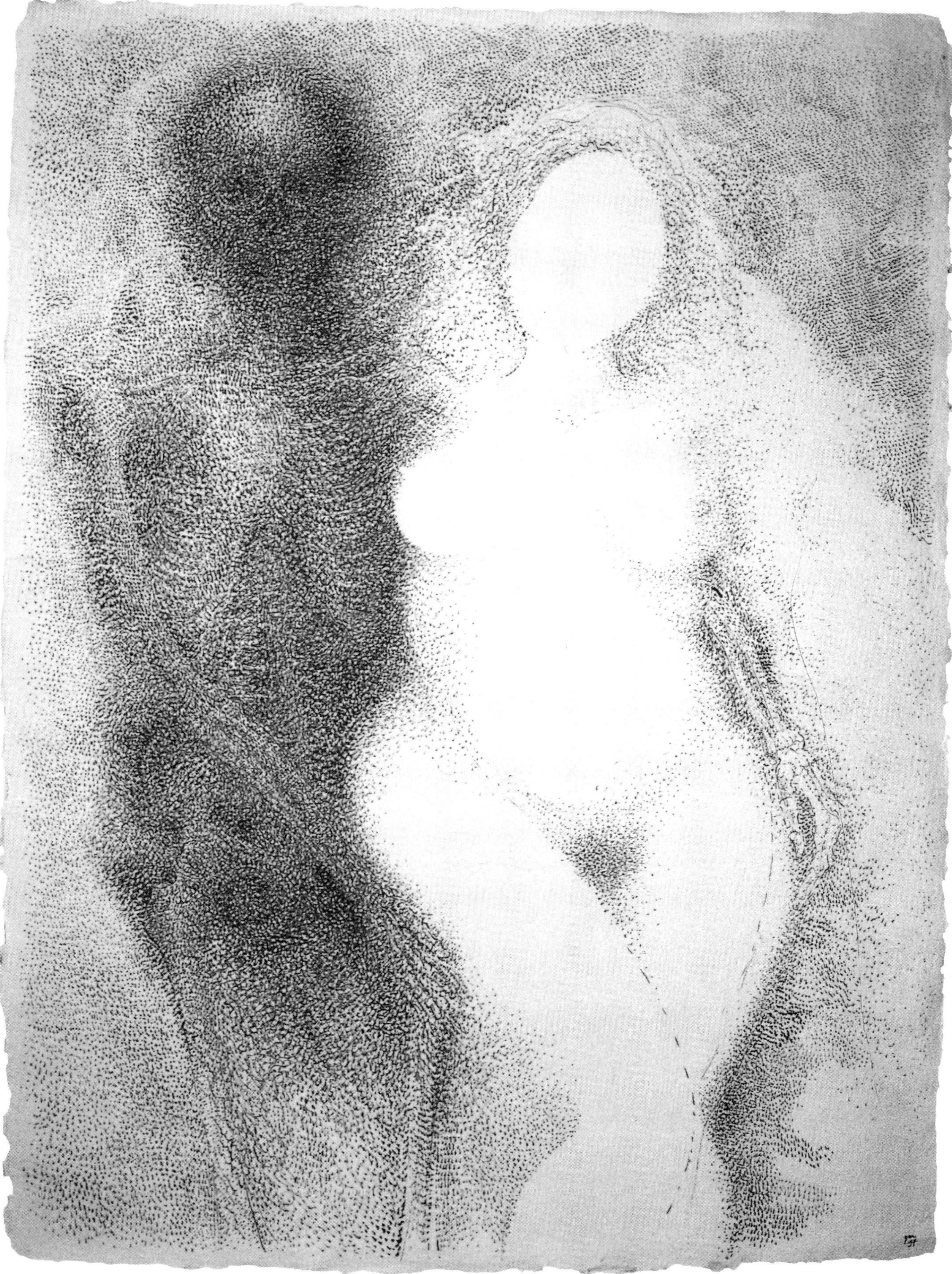

L'humanité
Humanity

Quand je touche le papier
avec la plume,
je dessine mon histoire de l'humanité.
L'encre, c'est mon sang, contenant
la mémoire de ma généalogie.

When I touch the pen to paper,
I am drawing my history of mankind.
The ink is my blood, containing the
memory of my genealogy.

L'homme qui avance dans le noir
2004
96x65 cm
—

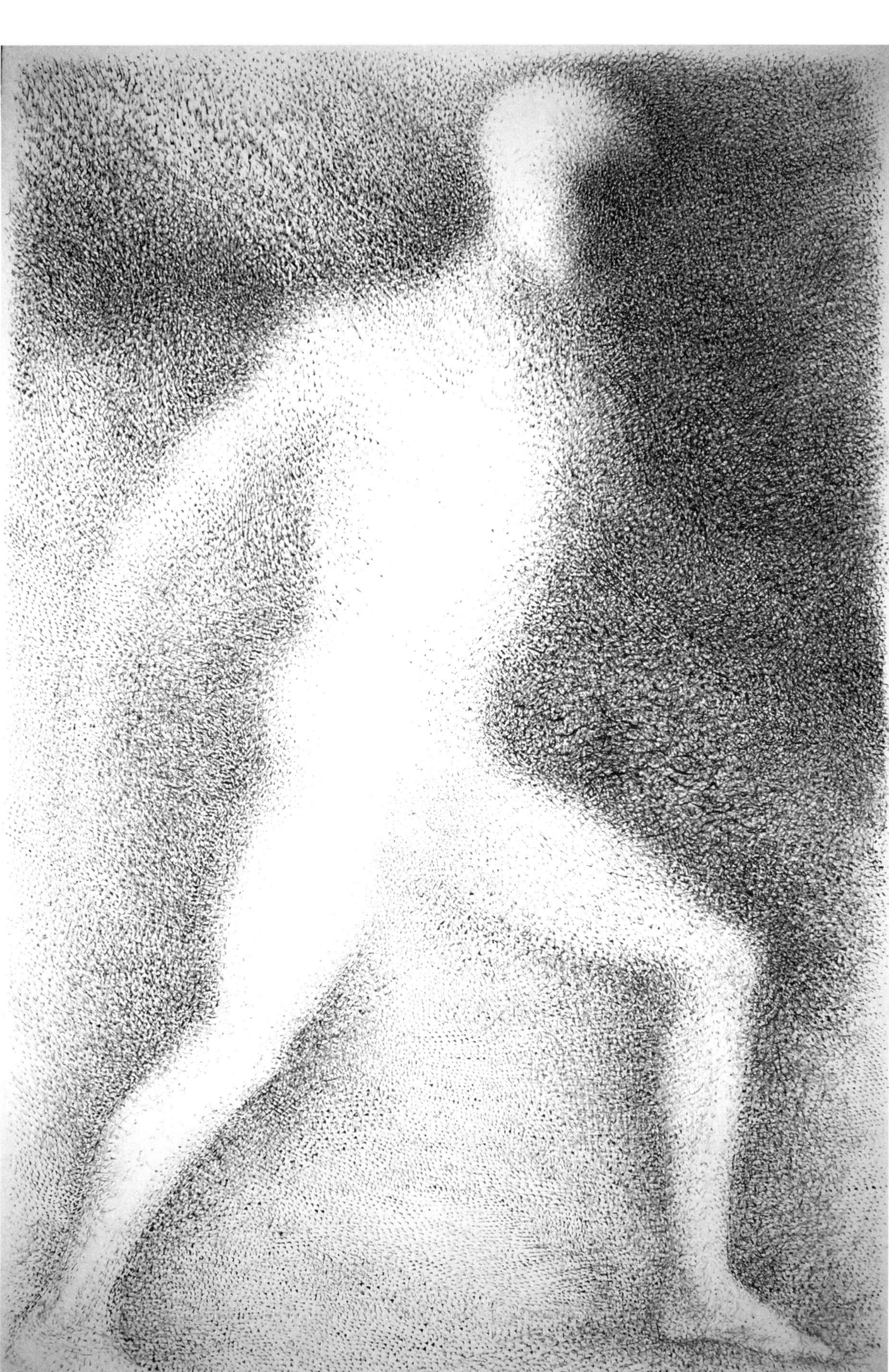

Ève
1994
96 x 65 cm
—

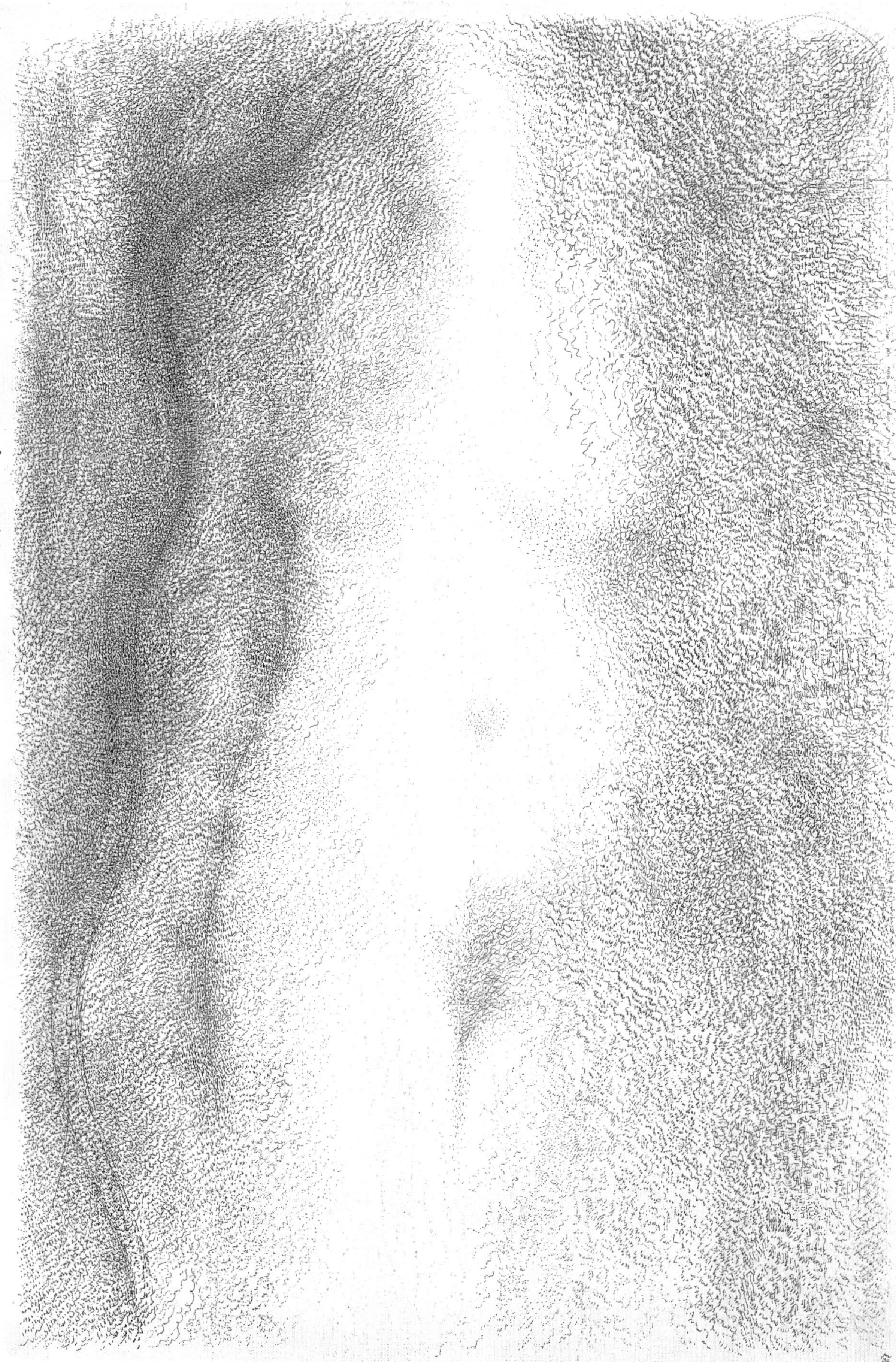

L'Homme à la pomme, Adam
1994
96x65 cm
—

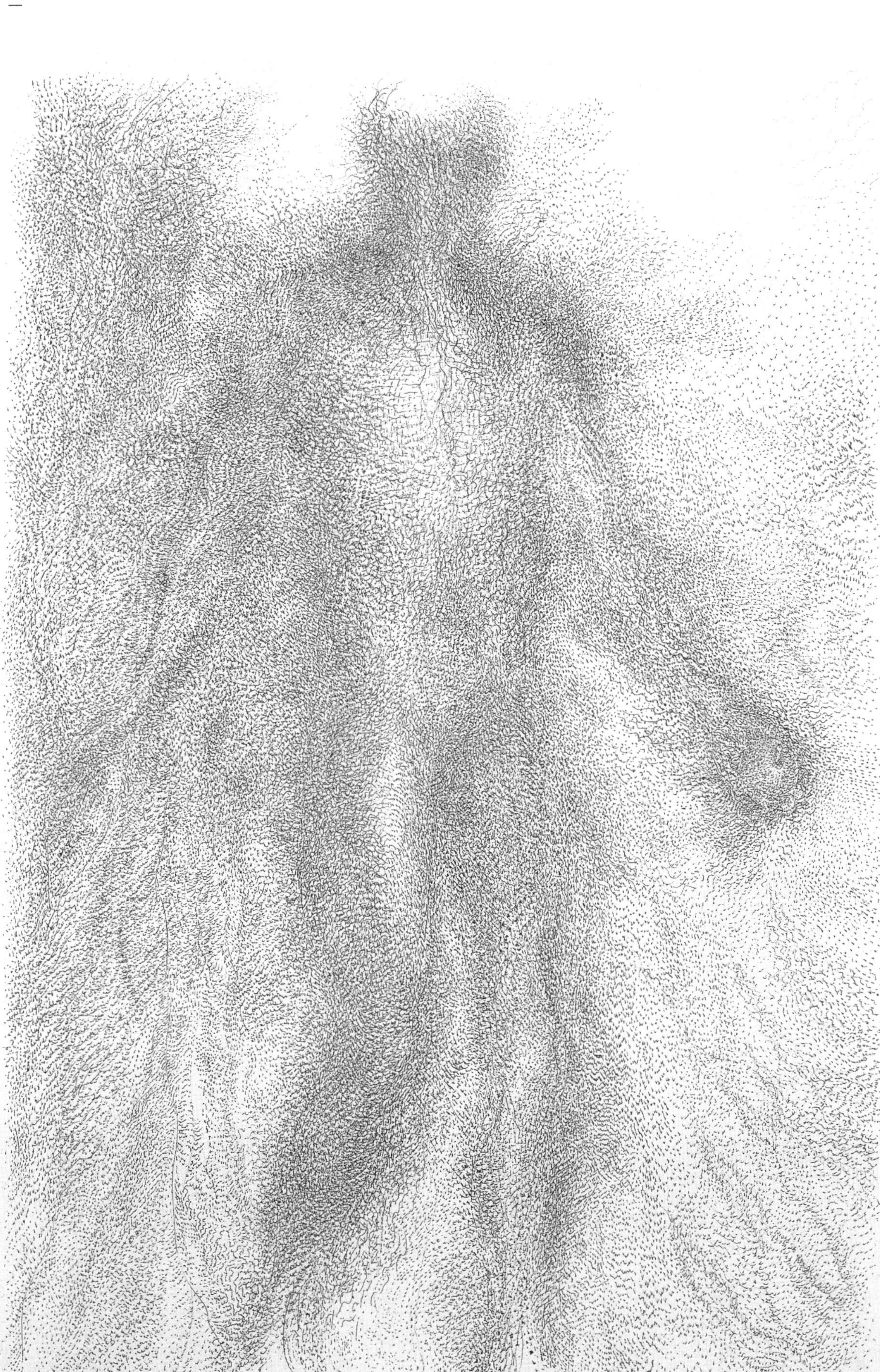

L'Arbre de la connaissance, le Serpent, Adam et Ève
1996
96x65 cm
—

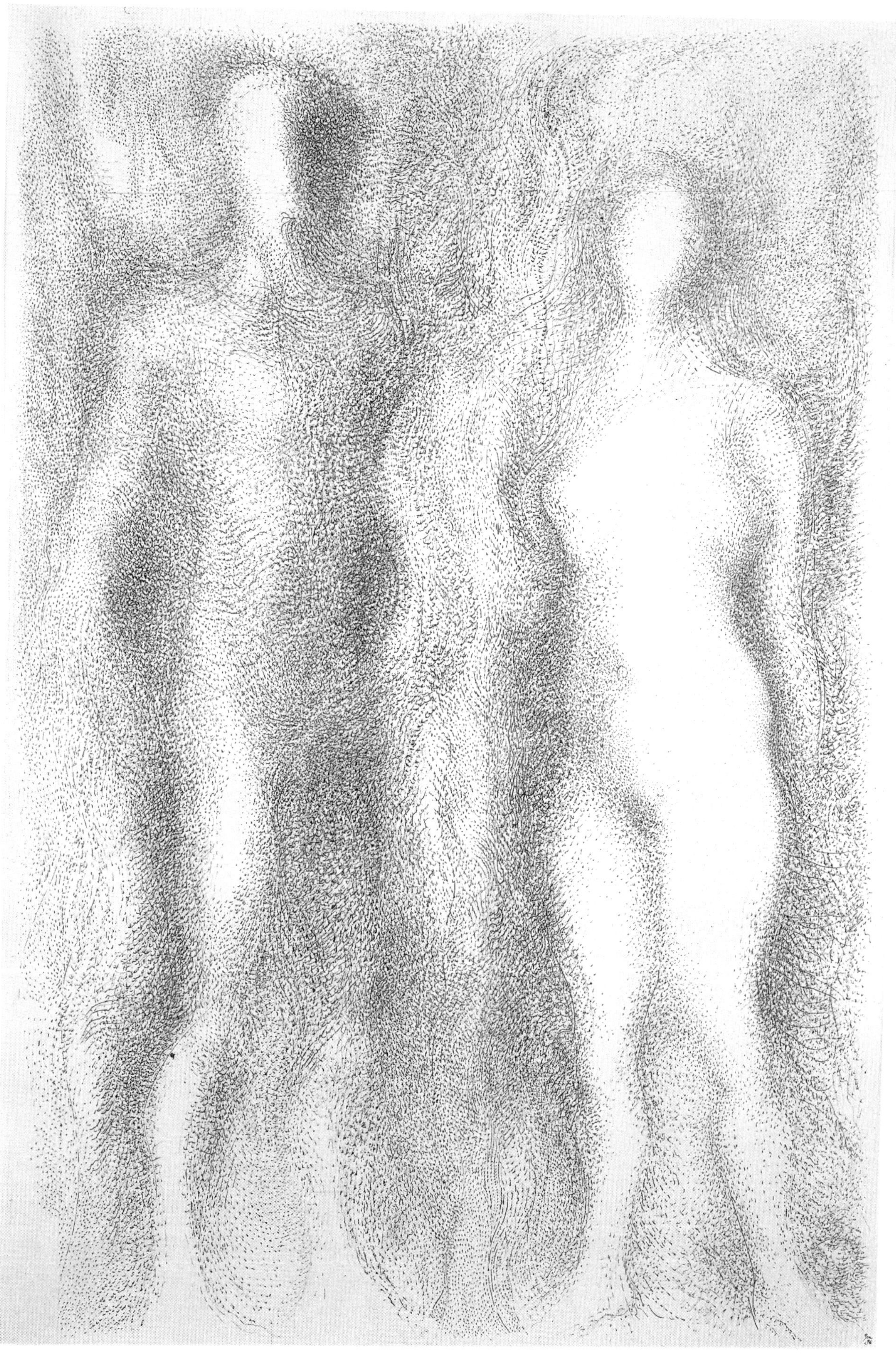

Le Péché originel
2003
65 x 100 cm
—

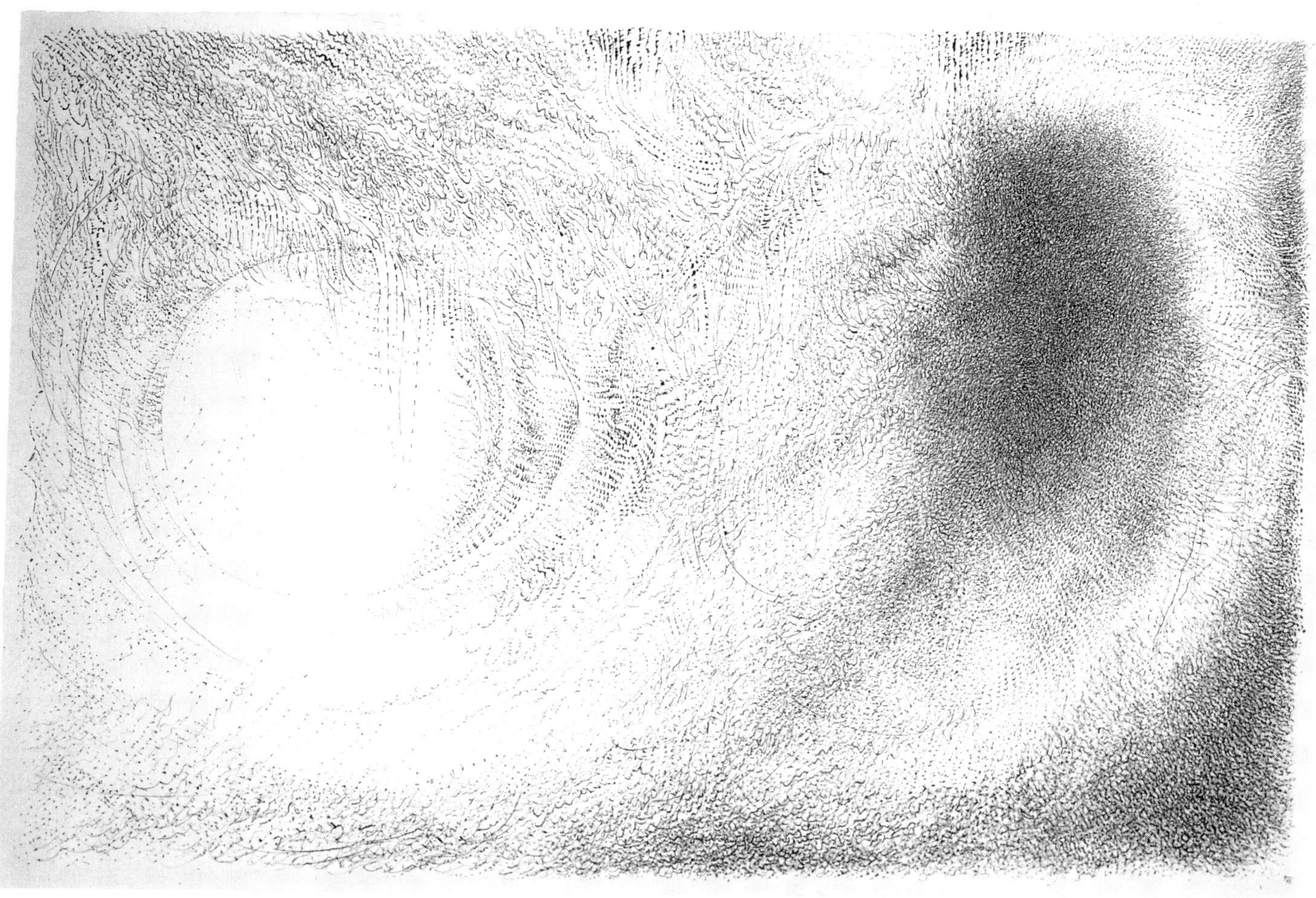

Le Fratricide, Caïn et Abel
2003
96 x 65 cm
—

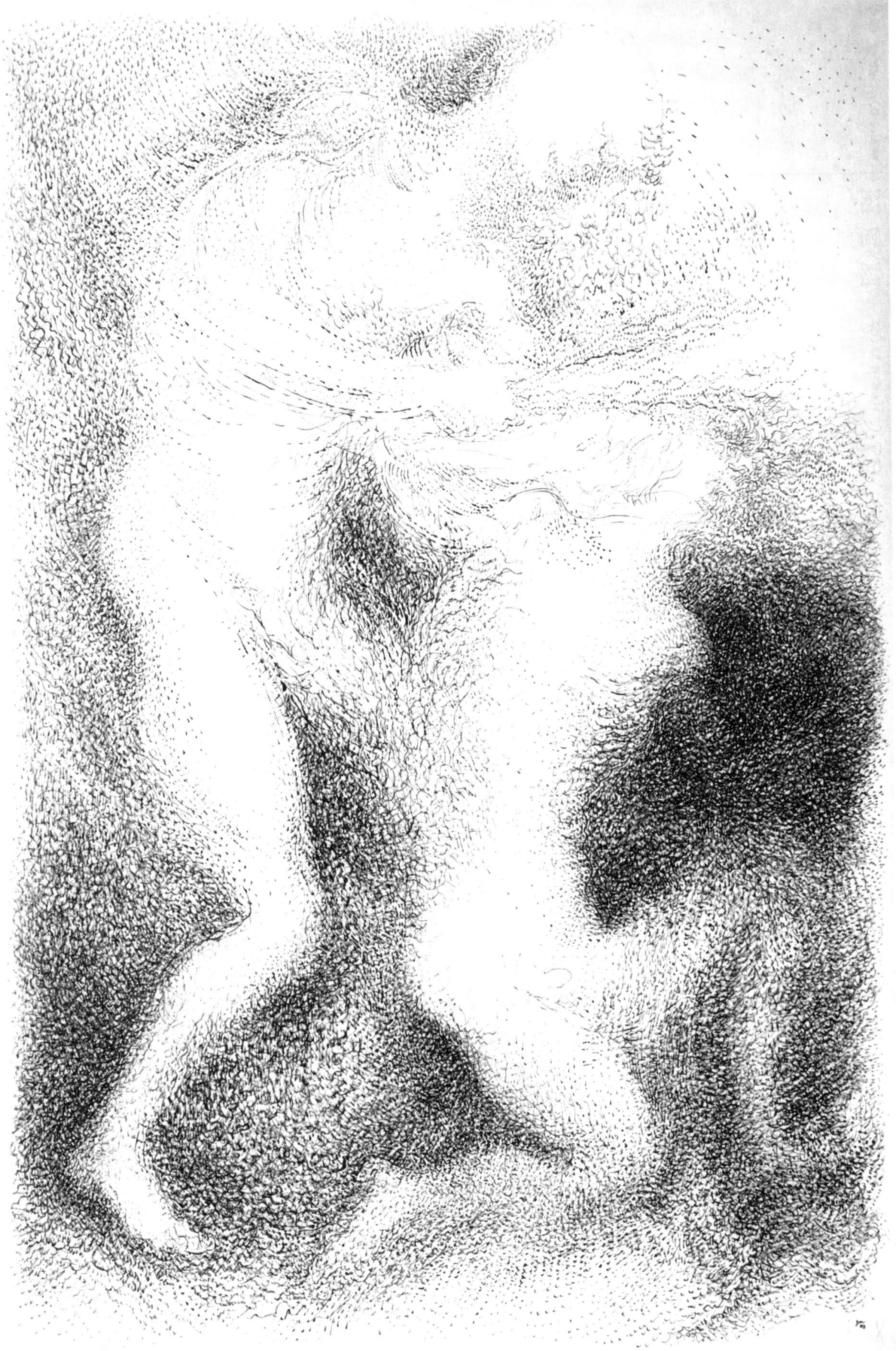

Cave Dominicus Videt
1999
63 x 48 cm
—

La Crucifixion
1995
65 x 100 cm

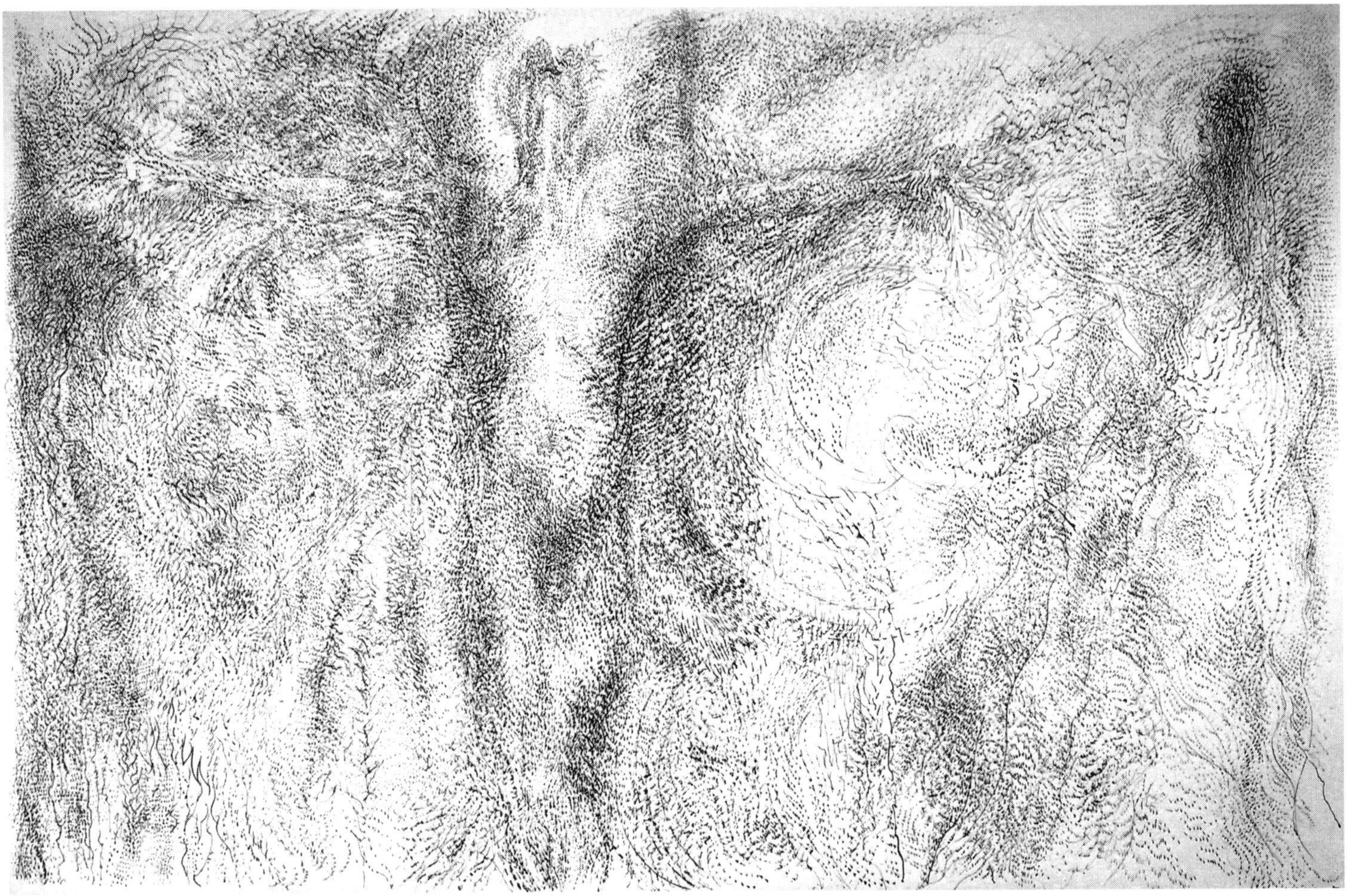

Saint Sébastien
1997
66 x 51 cm
—

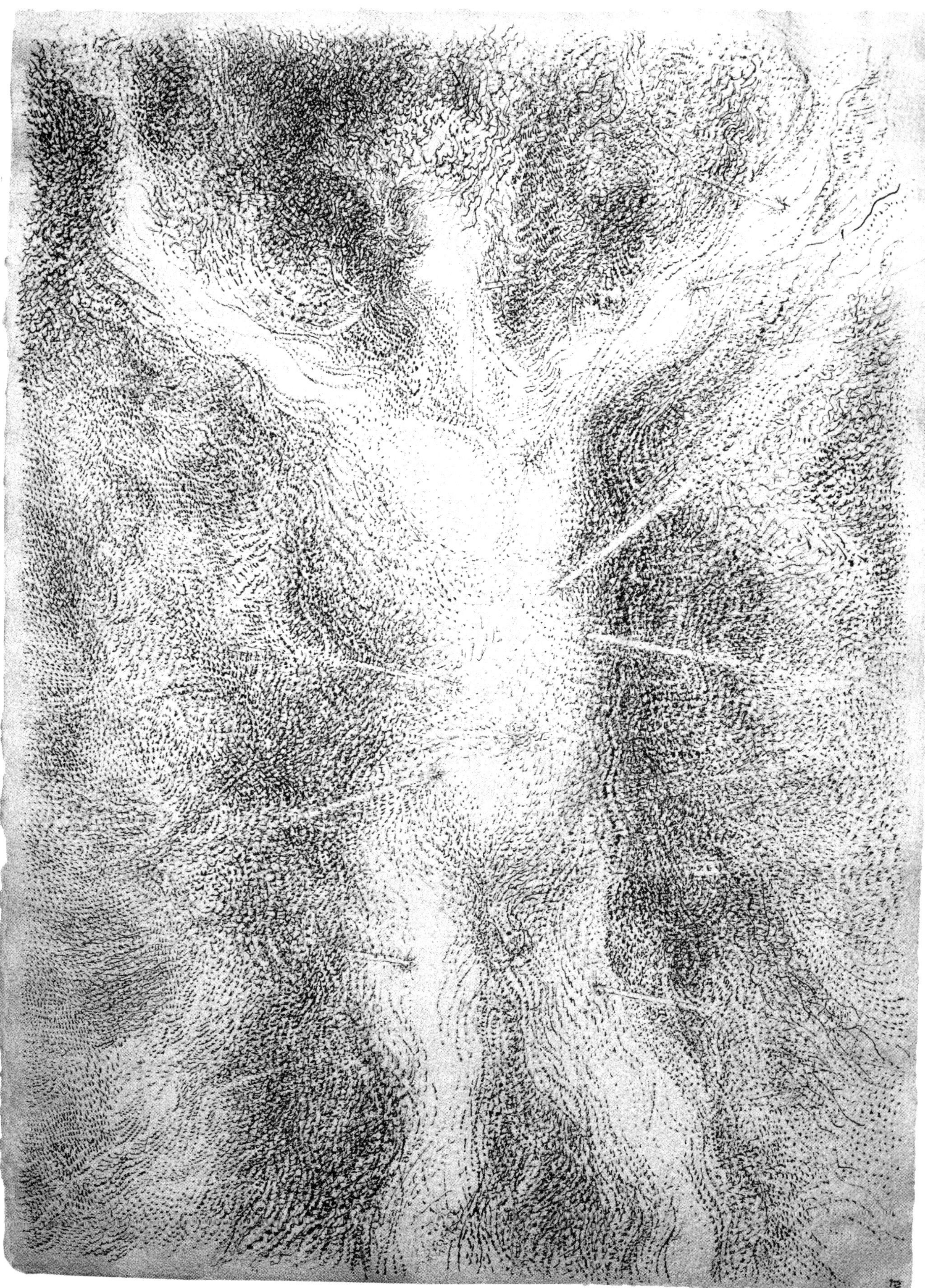

L'Ange noir
2004
96 x 65 cm
—

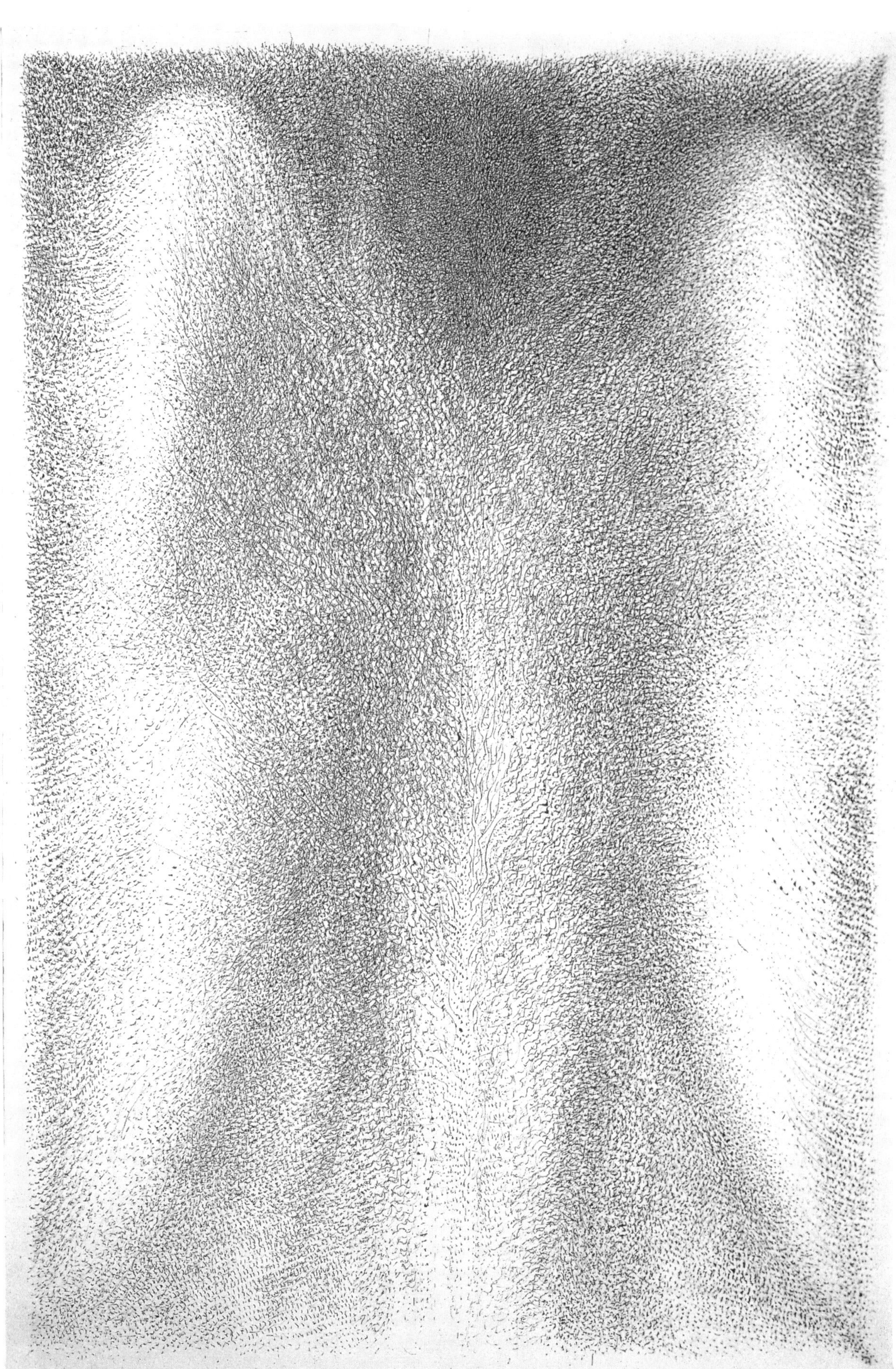

Il n'y a qu'une bataille
qui vaille la peine.
C'est celle avec l'ange.

There is only one battle
worth fighting.
It is with the angel.

Soldats et Flammes
1997
96 x 65 cm
—

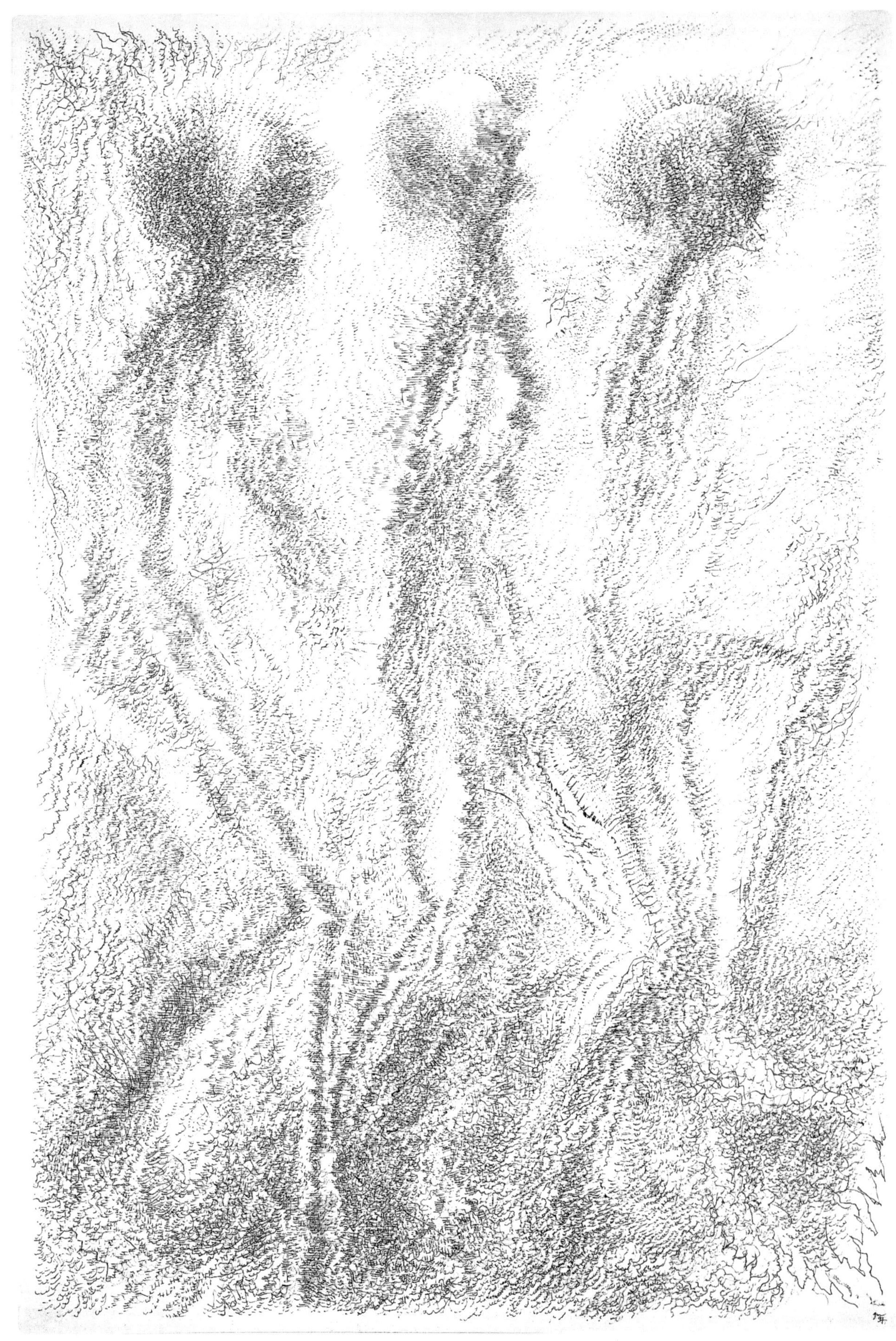

La Mort arrive à grands pas
1997
63 x 48 cm
—

Le Clown
2006
96 x 65 cm

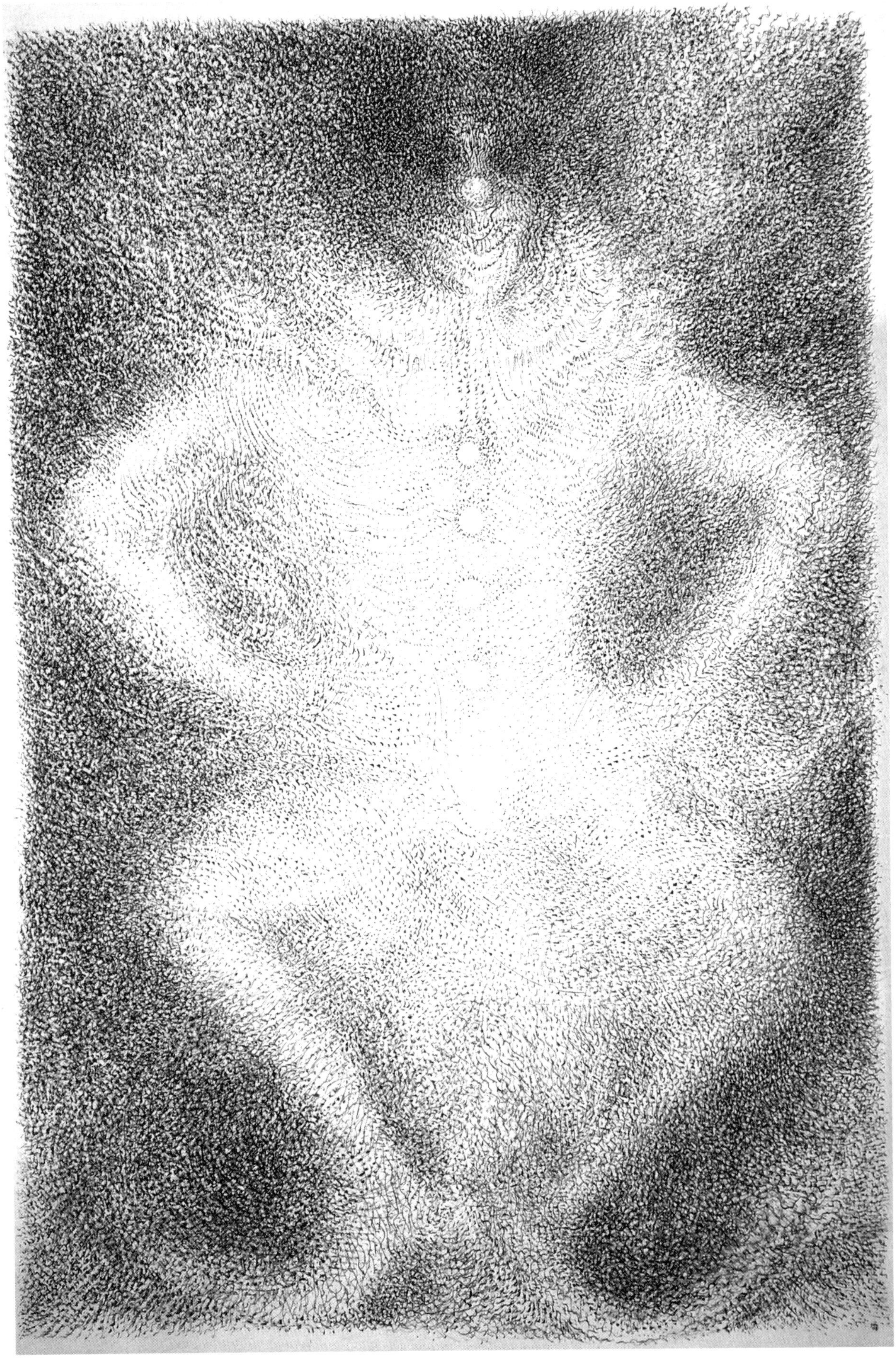

Il y a d'où l'on vient et
ce que l'on devient
– dans la vie et dans l'art.

There is where we come from
and what we become –
in life and in art.

Millénium
Millennium

Je voudrais qu'un dessin ait un pouls, un battement de cœur.

I would like a drawing to have a pulse, a heartbeat.

Millénium I
2000
63 x 48 cm
—

Millénium IV
2000
63 x 48 cm
—

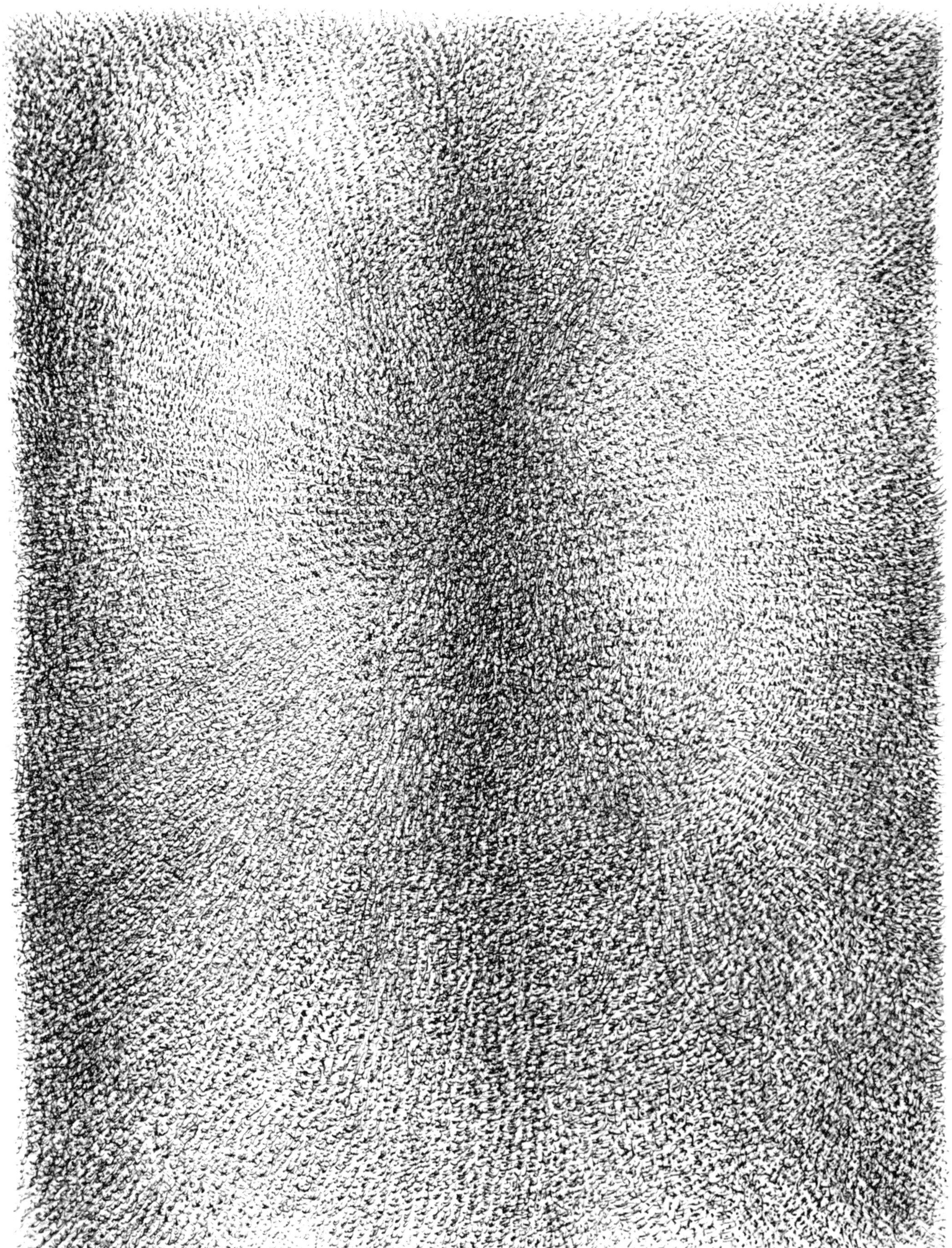

Ce n'est pas le temps
que je passe à travailler sur un dessin
qui importe,
mais ce qui se passe
quand je travaille sur un dessin.

It isn't the time
I spend working on a drawing
that's important,
but what happens when I am working
on a drawing.

On crée une œuvre d'art
comme on écrit une lettre d'amour
à un être cher, sauf
que l'élue de son cœur
est l'humanité entière.

One creates a work of art
as one writes a love letter to a dearly
beloved, except
the choice of one's heart
is all of humanity.

Gregory Masurovsky
Paris, 2007

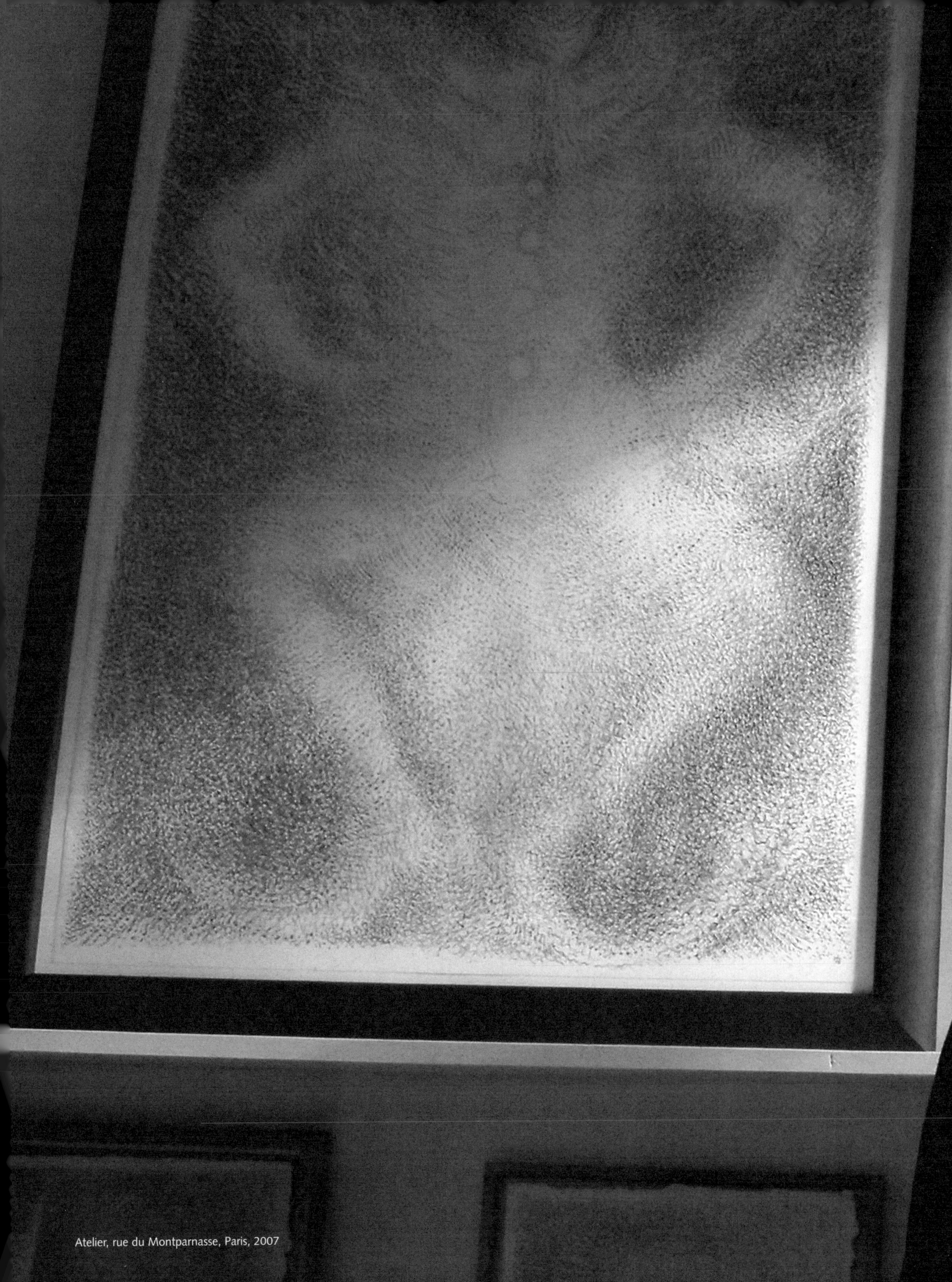

Atelier, rue du Montparnasse, Paris, 2007

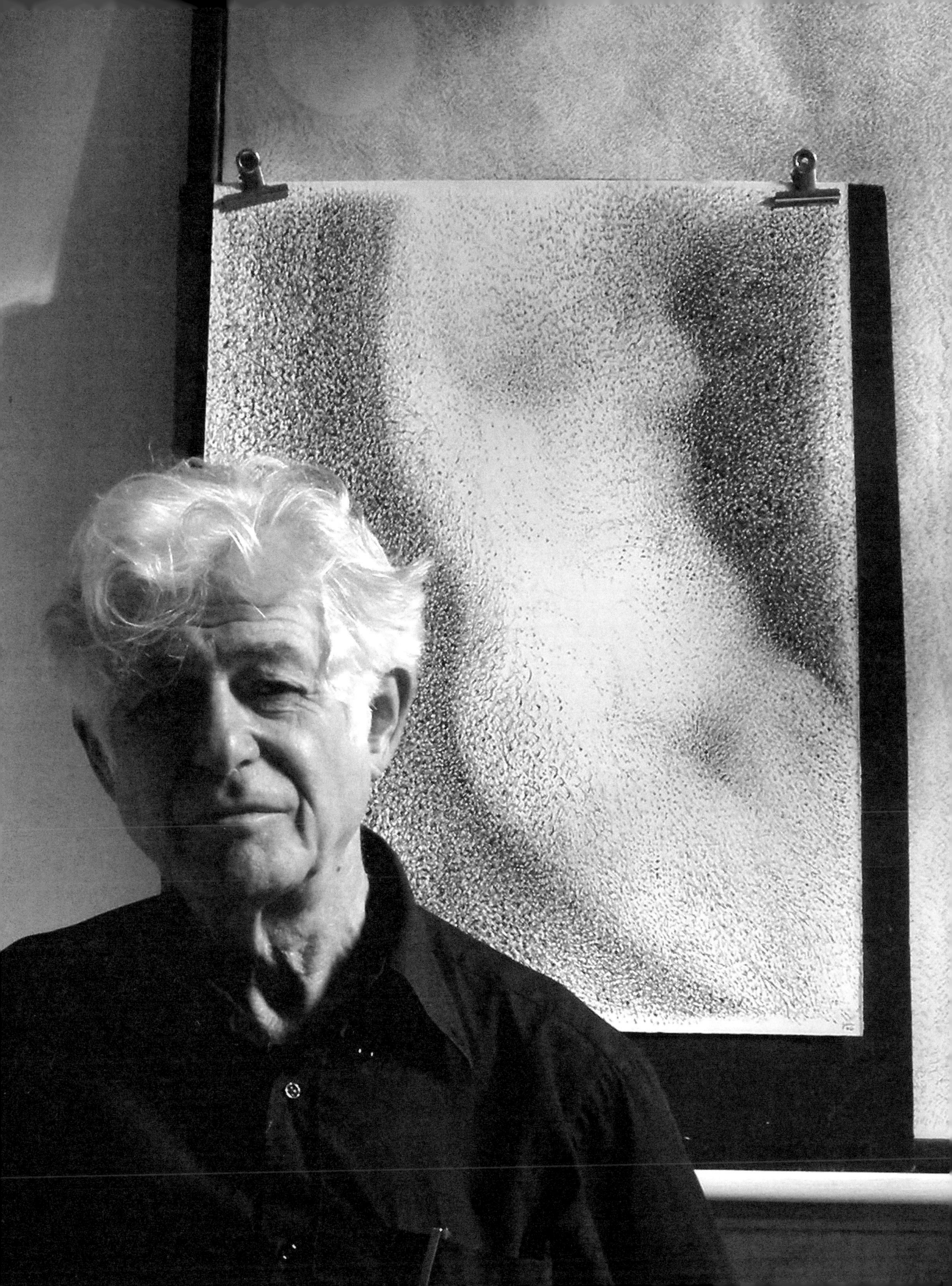

Gregory
Masurovsky

1929	Né le 26 novembre 1929 dans le Bronx, New York, États-Unis
1947-1948	Études d'art avec Ilya Bolotowsky, Black Mountain College, Caroline du Nord, États-Unis
1953	Études d'art avec Will Barnet, Art Students League, New York, États-Unis
1954-1961	Études de culture et langue française, la Sorbonne, Paris
1963	William & Noma Copley Foundation Grant (Bourse)
1966-1967	Professeur de dessin invité, Minneapolis College of Art & Design, Minnesota, États-Unis
1969	Tamarind Lithography Workshop, Los Angeles, Californie, artiste invité, septembre-octobre
1975	Décor, costumes et éclairage pour le ballet de Claudine Allegra *Un poco piu ma non troppo* (Ballet Théâtre contemporain d'Angers) présenté au Théâtre de la Ville à Paris, quatre représentations, juin
1980-1987	Professeur de dessin, American Center, Paris
1982	Professeur de dessin, Fondation des Arts aux Arcs, juillet-août
1986	Harrow School, Middlesex, Angleterre, artiste en résidence, novembre
1987	Djerassi Foundation, Woodside, Californie, bourse d'artiste, juillet Professeur de dessin, Atelier Elzévir, Paris
1988-1989	Professeur de dessin, Les Arcs 1600, août 1988, juillet 1989
1989	Professeur d'eau-forte en noir et blanc Sommerakademie Für Bildende Kunst, Salzbourg, Autriche
1991	VCCA, Sweet Briar, Virginie, bourse d'artiste, mai
1993	« Stage de dessin », école municipale d'art, Chalon-sur-Saône, 15-19 mars
1995	« Stage de dessin », manufacture nationale de tapisserie, Beauvais, mai-juin VCCA, Sweet Briar, Virginie, bourse d'artiste, octobre-novembre
1998	Vermont Studio Center, Johnson, VT, bourse d'artiste, mai-juin
2007	Pollock-Krasner Foundation Grant

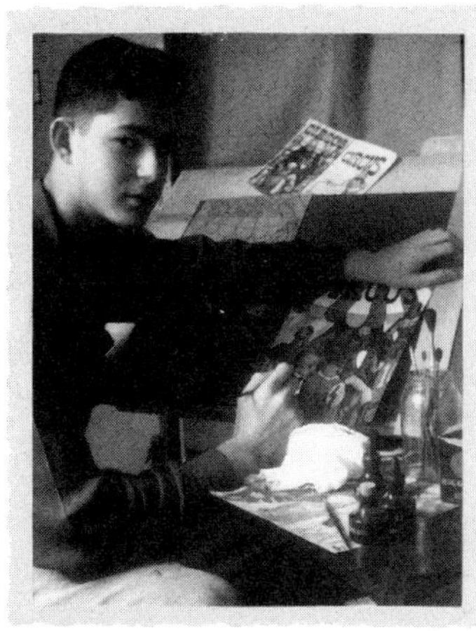

—
Morris Avenue,
Bronx, NY,
1943

Expositions personnelles

1957 Galerie 33, Berne, Suisse
Atelier Riehentor, Bâle, Suisse
Galerie du Dragon, Paris
1958 Galerie Van de Loo, Munich, Allemagne
(préface catalogue C. Caspari)
Galerie Howard Wise, Cleveland, Ohio
1960 Galerie La Hune, Paris (préface cat. Michel Butor)
1961 Galerie Olaf Hodtwalcker, Francfort, Allemagne
1962 Galerie La Hune, Paris (préface cat. Patrick Waldberg)
1963 Kornfeld & Klipstein, Berne, Suisse
(préface cat. Gregory Corso)
Galerie Alexander Iolas, New York
(préface cat. Gregory Corso)
Galerie St. Stephan, Vienne, Autriche
Kunsthalle, Bienne, Suisse
Kestner-Gesellschaft, Hanovre, Allemagne
(préface cat. Dr Wieland Schmied)
1964 Palais des Beaux-Arts, Bruxelles, Belgique
(préface cat. Patrick Waldberg)
Galerie La Hune, Paris
(présentation de *Litanie d'eau* – poème de Michel Butor)
1965 Galerie Europe, Paris
Galerie Jacques Benador, Genève, Suisse
Galerie Albert Loeb et Krugier, New York
1966 Galerie La Hune, Paris
(catalogue-poème *Comme Shirley* de Michel Butor)
1967 Minneapolis Institute of Arts
(préface cat. E. G. Foster, conservateur des dessins)
1968 Galerie La Hune, Paris
(affiche-préface d'Alain Jouffroy, *Au rendez-vous des visages*)
1969 Galerie Frank Perls, Beverly Hills, Californie
(préface cat. Eila Kokkinen)
Galerie Betty Parsons, New York
1971 Galerie Albert Loeb, Paris
Galerie Betty Parsons, New York
1972 Galerie Arts/Contact, Paris
1973 Galerie Betty Parsons, New York
Galerie Albert Loeb, Paris
1974 Galerie Betty Parsons, New York
1975 Galerie La Tortue, Paris
Galerie Adriano Ribolzi, Monte-Carlo
(préface cat. Pierre Granville)
1976 Galerie La Hune, Paris,
(présentation d'*Obliques* numéro spécial, Butor/Masurovsky)
Galerie La Dérive, Paris (*Upstairs/Downstairs*
avec Shirley Goldfarb, préface cat. Michel Butor)
1977 Galerie Anne Roger, Nice
1978 Librairie-Galerie Obliques, Paris (cycle: Butor/Masurovsky)
1979 Galerie Anne Roger, Nice
Galerie L'Hermitte, Coutances
1980 Colloque-exposition Butor/Masurovsky,
American Center, Paris
Galerie William Pall, New York
Galerie Fred Lanzenberg, Ixelles, Belgique
1981 American Center, Paris
(Atelier G. M. et présentation:
Butor/Masurovsky *Suite Elseneur*)
1982 American Center, Paris
(Gregory Masurovsky et son atelier)
Musée de Pontoise (préface cat. Edda Maillet, conservateur)
Rétrospective
1983 Galerie Anne Roger, Nice
Galerie des Éditions de l'Ermitage, Paris
1986 *Harrow Drawings,* Old Speech Room Gallery,
Harrow School, Middlesex, Angleterre
La Plume et le Crayon, Maison française of NYU, New York
1989 Atelier Lambert, Paris
Butor/Masurovsky – 25 ans de collaboration,
Galerie La Hune, Paris
Galerie Danielle Roux, Villeneuve-lès-Avignon
Gregory Masurovsky/Michel Butor, Galerie Éric Franck,
Genève, Suisse
1990 Forum Gallery, New York (préface cat. Lawrence Campbell)
Auvers demeure, texte de Michel Butor, musée de Pontoise
1992 Librairie Jacques Matarasso, Nice
(présentation *Ange de la Baie* avec Michel Butor)
1995 Galerie Lambert-Rouland, Paris
(présentation *Uchi-Soto* photos: Pierre Espagne,
poème: Michel Butor, dessins et eau-forte: G. M.,
Éditions Canevas, Frasne)
1996 Galerie Liliane Mantoux-Gignac, Paris
(préface cat. Georges Raillard)
2000 Galerie Michèle Broutta, Paris
2003 *La Plume et le Crayon,* Masurovsky/Butor,
chapelle du Carmel, Chalon-sur-Saône
Gregory Masurovsky, rétrospective,
Association Zervos, Vézelay (préface cat. Christian Limousin)
Atelier Georges Leblanc, Paris
2004 Black Mt. College Museum & Arts Center,
Asheville, Caroline du Nord
Musée de Pontoise – *La Plume et le Crayon,*
(cat. Christophe Duvivier)
2005 *La Plume et le Crayon,* Espace Landowski,
Boulogne-Billancourt
2006 Galerie Artemisia, Paris
Musée national de la Coopération franco-américaine
de Blérancourt
2007 Chez les Raykoff, Paris
La Plume et le Crayon, hôtel de ville, Trouville,
Galerie Agnès Dutko, Paris

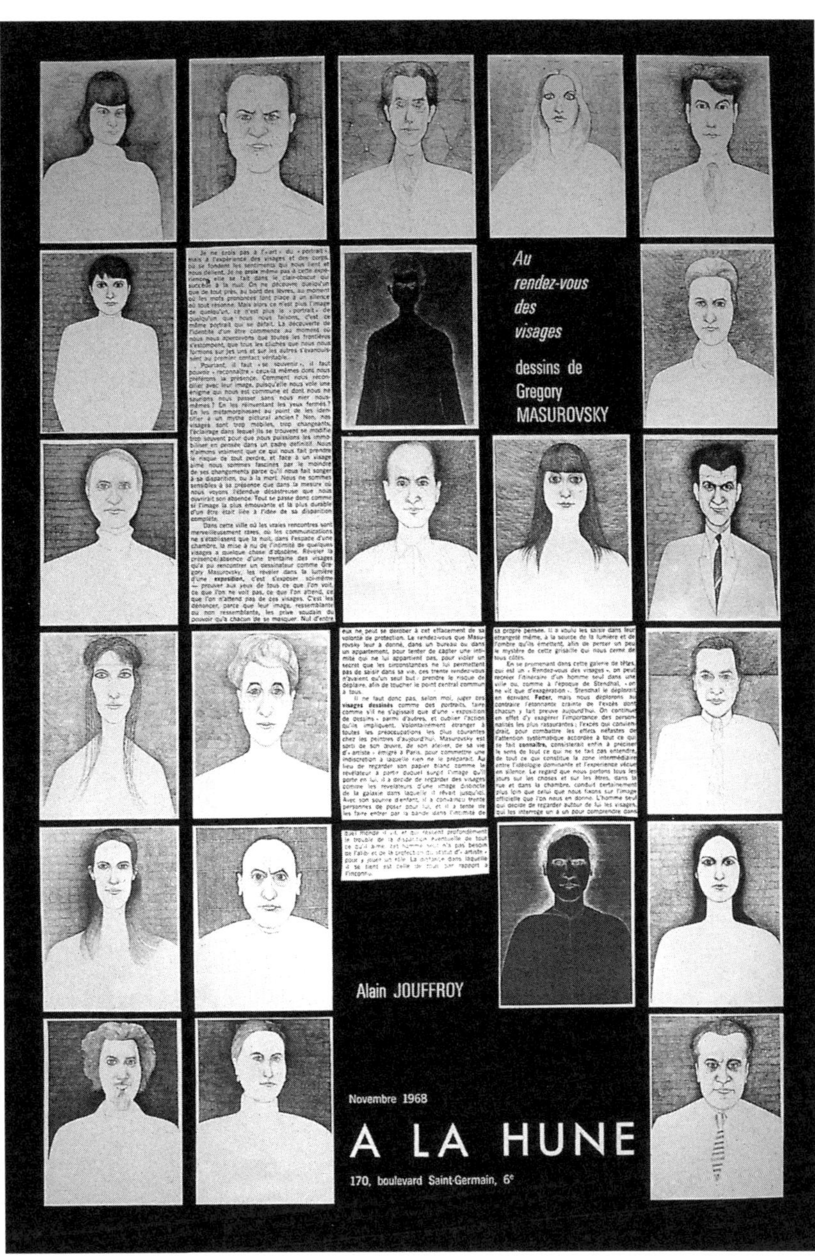

—

L'Affiche de l'exposition des Portraits
1968

Expositions de groupe et salons

1956 *Japanische Kalligraphie und Westliche Zeichen,*
Kunsthalle, Bâle, Suisse
1960 *New Acquisitions: Drawings, Watercolors,*
MoMA, New York
New Talent: Art in America, exposition itinérante, États-Unis
1961 IIe Biennale de Paris (prix de la critique en dessin)
1962 *École de Paris,* Galerie Charpentier, Paris
1963 Salon de mai, Paris
Ve Internationale de la gravure, Ljubljana, Yougoslavie
IIIe Biennale de Paris (prix du jury international en gravure)
1964 Documenta III, Kassel, Allemagne
Ire Exposition internationale de dessin,
Darmstadt, Allemagne (Achat)
Salon de mai, Paris
1965 *Graphis'65,* University of Kentucky, Louisville
44 Drawings, MoMA, New York
VIe Internationale de la gravure, Ljubljana, Yougoslavie
Salon de mai, Paris
1966 Salon «Grands et Jeunes d'aujourd'hui», Grand Palais, Paris
Ire Internationale de la gravure, Cracovie, Pologne (prix spécial)
1967 5th Minnesota Artists Biennial, Minneapolis Institut of Arts
(Merit Award – Graphics)
VIIe Internationale de la gravure, Ljubljana, Yougoslavie
1968 IIe Internationale de la gravure, Cracovie, Pologne (Achat)
Ars Multiplicata, Cologne, Allemagne
American Center, Paris
1969 *Cinq cents gravures contemporaines,*
Bibliothèque nationale de France (BNF), Paris
1970 *International Graphics,* Kunstverein zu Frechen, Allemagne
Druk Graphik 71, National Museum, Nuremberg, Allemagne
1971 Premio Internazionale per l'Incisione, Biella, Italie
Biennale de l'estampe, Épinal
1972 Galerie Bleue, Rizal, Philippines (Achat)
1973 *Michel Butor et ses peintres,* musée des Beaux-Arts, Le Havre
L'Estampe contemporaine, BNF, Paris
CCAC World Print Competition – *Folio 73,*
San Francisco, Californie
1974 VIe Internationale de la gravure, Cracovie, Pologne
1975 XIe Internationale de la gravure, Ljubljana, Yougoslavie
1977 *Quelques peintres américains à Paris,*
Centre Georges-Pompidou, Paris
1978 *L'Estampe aujourd'hui,* BNF, Paris
1979 *La Main, l'Écriture et son support,* musée de Pontoise
Das Bild in Glas, Hessisches Landesmuseum, Darmstadt
1980 VIIIe Internationale de la gravure, Cracovie, Pologne
1981 *Portraits d'arbres,* Centre culturel, Boulogne-Billancourt
Le Dessin et ses techniques, musée de Pontoise
Le Dessin, Galerie Breteau, Paris
1982 *Arteder'82,* Bilbao, Espagne
Figura 3, Museum des Kunsthandwerks, Leipzig, DDR
Vingt artistes du livre avec Michel Butor,
Bibliothèque nationale, Luxembourg
Dessins français contemporains, musée de la SEITA, Paris
1983 *Souvenirs de voyage,* L'Autre Musée, Bruxelles, Belgique
Six du Centre, American Center, Paris
1984 *Le Portrait,* musée de Pontoise
Sept du Centre, American Center, Paris
Œuvres croisées, Michel Butor,
Maison de la culture André-Malraux, Reims
Voir avec Michel Butor,
musée d'Art moderne de Liège, Belgique
1985 *Signature,* Galerie L'A, Liège, Belgique
Le Nu revisité, L'Autre Musée, Bruxelles, Belgique
L'Autoportrait, musée de la SEITA, Paris
FRAC, Île-de-France, musée du Luxembourg, Paris
La Célébration des fruits, Maison André-Derain, Chambourcy
Autour de Michel Butor, MAPRA, Lyon
Sept du Centre, American Center, Paris
1986 *Dessins,* Galerie Jacob, Paris
9e Salon du XIVe arrondissement
Autour des mots – Michel Butor,
bibliothèque municipale, Avignon
Autour de Michel Butor, Le Point W, Gaillard
Œuvres croisées, PARC, Nantes
En compagnie de Michel Butor, musée de Valence
Un regard sur l'art d'aujourd'hui,
Musée-Promenade, Marly-le-Roi-Louveciennes
Le Paysage de Cézanne aux hyperréalistes,
Biennale des arts plastiques, Sisteron
Artistes/Ateliers, American Center, Paris
Sartre and the Arts, ICA, Londres, Royaume-Uni
1987 10e Salon du XIVe arrondissement
Sartre et l'art, Académie de France, Rome, Italie
FRAC, Île-de-France, Le Perreux-sur-Marne
Œuvres sur papier, musée de Pontoise
Michel Butor et ses peintres,
Institut français, Londres, Royaume-Uni
Autour de Michel Butor,
bibliothèque municipale de Saint-Brieuc
1988 11e Salon du XIVe arrondissement
Livres délivrés, bibliothèque municipale de Rouen
Summer Invitational, Forum Gallery, New York
Drawings: 1908-1988, Forum Gallery, New York
FRAC, Île-de-France, préfecture du Val-d'Oise, Cergy-Pontoise
Œuvres croisées, Michel Butor, Hermeri le Cairn, Nice.
1989 12e Salon du XIVe arrondissement
L'Europe des graveurs, bibliothèque municipale, Grenoble
Le Blanc et le Noir, Galerie Anne Roger, Nice
Michel Butor et ses peintres,
The Seibu Museum of Art, Tokyo, Japon
Cent livres de Michel Butor, Halles-Sud, Genève, Suisse
URDLA-1989, une année d'édition, Villeurbanne
1990 *Les Graveurs des années 60,* Galerie La Hune, Paris
Made in URDLA – 60 artistes,
Centre d'art contemporain, Lacoux-Hauteville
13e Salon du XIVe arrondissement
1991 14e Salon du XIVe arrondissement
Free Spirits, Elaine Benson Gallery, Bridgehampton, NY
IIe Triennale mondiale d'estampes petit format, Chamalières
Le Génie de la Bastille, Lieux de Mémoire,
Atelier Danielle Loisel, Paris
Lacoste School of the Arts, Mona Bismarck Foundation, Paris
Michel Sicard: Écrire au pluriel,
bibliothèque municipale, Avignon

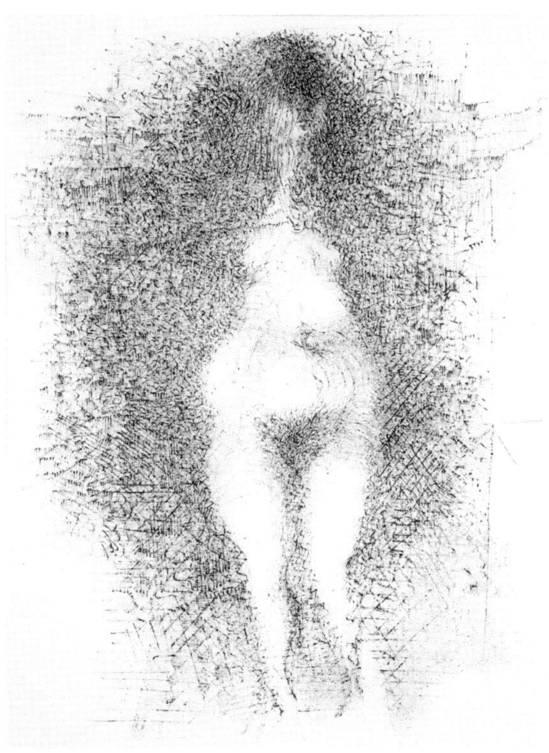

Shirley
1964
63 x 48 cm

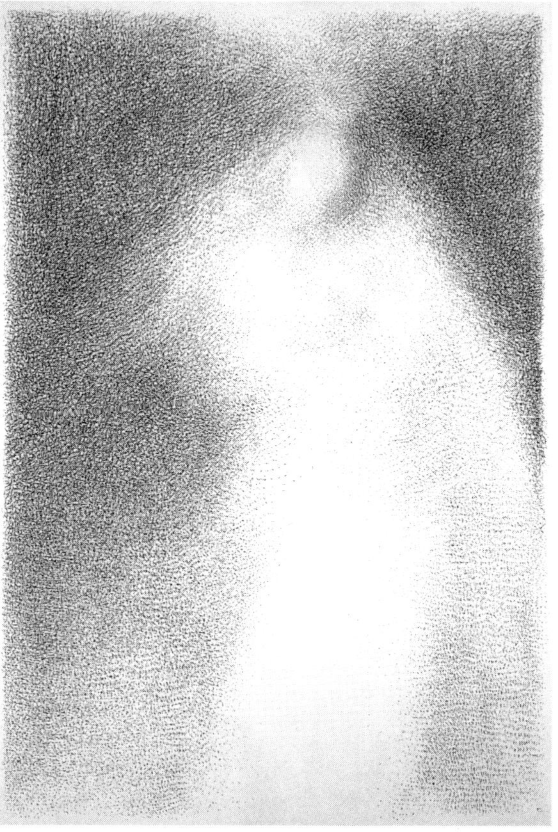

L'Ange à l'Enfant
2002
96 x 65 cm

1992 15e Salon du XIVe arrondissement
Autour de Francesca-Yvonne Caroutch, La Revue parlée, Centre Georges-Pompidou
Bonnard à Baselitz, chefs-d'œuvre de l'estampe au XXe siècle, BNF, Paris
Palavras E. Formas – Colobarações Artisticas de Michel Butor, musée d'Art contemporain de São Paulo, Brésil
Copie privée, PARVI / SPADEM, Paris
Michel Sicard: Écrire au pluriel, musée des Beaux-Arts, Saint-Lô

1993 16e Salon du XIVe arrondissement
Le Cabinet d'un amateur à l'enseigne de Lambert-Rouland, Paris
Le Geste de l'écriture, Centre culturel Aragon, Oyonnax
Ire Triennale des Amériques, *Présence en Europe 1945-1992,* Maubeuge
Livres manuscrits, mairie du VIe arrondissement, Paris

1994 17e Salon du XIVe arrondissement
Tradition et Modernité – Les Mots dans la peinture, Musée maçonnique, Paris
National Drawing Invitational, Arkansas Arts Center, Little Rock, Arkansas
Pièces de collection, Galerie Claude Lemand, Paris
Livres d'artistes, *Autour de Marguerite Yourcenar,* Galerie Claude Lemand, Paris

1995 18e Salon du XIVe arrondissement
Atelier Georges Leblanc, Galerie IAV, Orléans
Michel Sicard: Berlin palimpseste, mairie du VIe arrondissement

1996 *Michel Sicard: Berlin palimpseste,* Centre d'art contemporain, Rouen
19e Salon du XIVe arrondissement
Les Trente Ans de la Galerie Jacob, Paris
Michel Butor et la gravure, musée Baron-Gérard, Bayeux
Écrire Berlin, bibliothèque municipale, Boulogne-Billancourt
Estampes et Dessins, Galerie Liliane Mantoux-Gignac
8e Exposition internationale: «Petit format de papier», Cul-des-Sarts (Couvin), Belgique
Livres d'artistes – Livre ô Trésor, Centre d'art contemporain, Saint-Priest

1997 20e Salon du XIVe arrondissement
VIIIe Biennale de la gravure, Sarcelles
Journée internationale de la femme, département du Val-de-Marne, Créteil
La Nature morte au XXe siècle, musée de Pontoise
13 artistes avec Michel Butor, bibliothèque municipale, Thonon-les-Bains
Artistes américains en France, Mona Bismarck Foundation, Paris
Traits d'union 1952-1997, Galerie du Haut-Pavé, Paris

1998 *Maisons,* Galerie Satellite, Paris
Recent Acquisitions, Old Speech Room Gallery, Harrow School, Middlesex, Angleterre
21e Salon du XIVe arrondissement
Portraits d'une génération, Pierre Espagne, La Galerie, Paris
Le Signe et la Marge, Galerie des Remparts, Le Mans
Le Signe et la Marge, château de Sainte-Suzanne, Sainte-Suzanne en Mayenne
Le Signe et la Marge, Petit musée d'Art contemporain, Verneuil-en-Bourbonnais
FDAC – Val-de-Marne, Créteil
22 artistes avec Michel Butor, médiathèque, Le Mans
Sélections from the Permanent Collection, Black Mountain College Museum, Cullowhee, NC
Œuvres croisées, Galerie J. Otmezguine, Nice
20 ans d'ateliers ADAC, mairie du IIIe arrondissement, Paris

1999 22e Salon du XIVe arrondissement
François-de-Neufchâteau en Espagne, Galerie Satellite, Paris
Les 50 Années de La Hune à Saint-Germain-des-Prés, Galerie PIXI, Galerie La Hune, Paris
Nature et Sculpture, Galerie Yoshii, Paris
4e Salon des artistes naturalistes, Muséum national d'histoire naturelle, Paris
Artistes avec Michel Butor mit Künstlern, Collegium Helveticum de l'ETH, Zurich
28 artistes avec Michel Butor, Cité des artistes, Fort du Bruissin, Francheville

2000 23e Salon du XIVe arrondissement
Robert Altmann, Liechtensteinische Staatliche Kunstsammlung, Vaduz
Salon des éditeurs, médiathèque, Issy-les-Moulineaux
32 artistes avec Michel Butor, La Commanderie de La Commande, Pyrénées-Atlantiques
Estampe 2001, André Béguin, Paris

2001 Xe Biennale de la gravure, Sarcelles
24e Salon du XIVe arrondissement
37 artistes avec Michel Butor, médiathèque, Musée savoisien, Chambéry
Cinq artistes, Galerie Vieille du Temple, Paris
Qu'est-ce qu'un livre d'artiste, médiathèque, Issy-les-Moulineaux
Poésimage-Bibliophilie, URDLA – Villeurbanne
Michel Butor rencontre-trajectoire, Maison Joë-Bousquet, Carcassonne

2002 *43 artistes avec Michel Butor,* Conservatoire d'art et d'histoire, Annecy
Michel Butor rencontre-trajectoire, Association Zervos, Vézelay
Black Mountain College, Una Aventura, Americana, Museo Reina Sofia, Madrid

2003 26e Salon du XIVe arrondissement.
Les Créations du Ballet Théâtre contemporain, musée des Beaux-Arts, Nancy
43 artistes avec Michel Butor, Ô Quai des Arts, Vevey, Suisse

2004 56e Salon de mai, Paris
Artistes américains sur le GI Bill à Paris, Galerie Jean Fournier, Paris

2005 *Jean-Paul Sartre,* BNF François-Mitterrand, Paris
66e Salon des artistes peintres et graveurs français, mairie du VIe, Paris
Dialogues du papier, livres d'artistes 1985-2005, musée de Saint-Cloud

2006 Livres d'artistes, bibliothèque municipale, Boulogne-Billancourt
Michel Butor, BNF François-Mitterrand, Paris

Les Saintpaulia
1984
63 x 48 cm
—

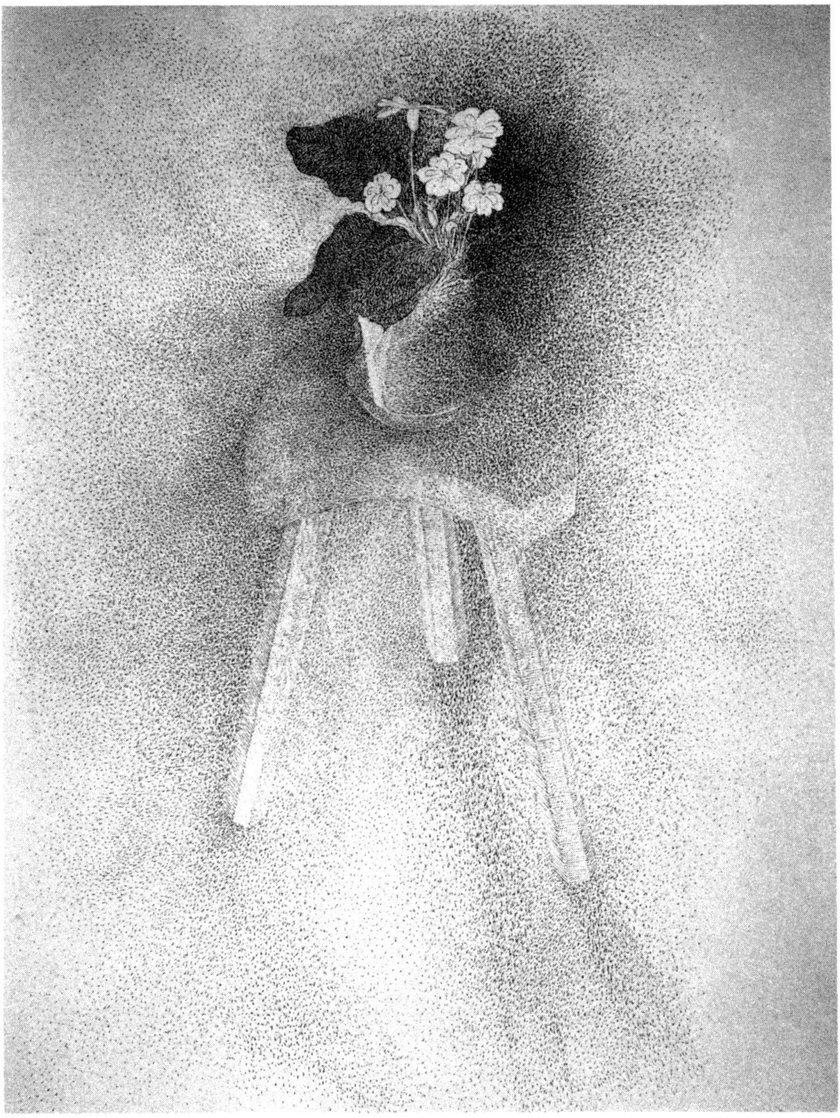

Collections (sélection)

Musée des Beaux-Arts, Dijon –
Donation Granville
Art Institute of Chicago
Baltimore Museum of Fine Arts
Bibliothèque nationale de France (BNF), Paris
Brooklyn Museum, NY
Butler Institute of American Art
Carnegie Institute of Art
Fonds national d'art contemporain, Paris
FRAC Île-de-France
Cleveland Museum of Art
Fogg Art Museum, Harvard University
Houghton Library – Philip Hofer Collection,
Harvard University
Old Speech Room Gallery –
Harrow School, Middlesex, Angleterre
Kunstmuseum, Bâle
Library of Congress, Washington, DC
Minneapolis Institute of Arts
Musée de Pontoise
Amon Carter Museum of Western Art,
Fort Worth, Texas
Grunwald Graphics Foundation,
UCLA, Los Angeles
Pasadena Art Museum
Museum of Fine Arts, Houston
Museum of Modern Art (MoMA), NY
MNAM – Centre Georges-Pompidou, Paris
Musée d'Art moderne (MAM) de la Ville de Paris
Museum of Fine Arts, Varsovie
Museum of Fine Arts, Cracovie
Philadelphia Museum of Art
Royal Museum of Art, Montréal
Permanent Gallery – Museum of Art,
St. Paul Minnesota
University of St. Thomas, Houston
National Gallery, Washington, DC
Les Amis de Jeanne et Otto Freundlich, Pontoise
Fonds cantonal de décoration, Genève
The Arkansas Arts Center, Little Rock
The New York Public Library, NY
The Detroit Institute of Arts
The Herbert Z.
Johnson Museum of Art, Cornell University
Addison Gallery of American Art,
Andover, Massachusetts
Western University Museum of Art,
Cullowee, NC
Musée des Lettres et Manuscrits, Paris
FRAC – Picardie

Collections privées (sélection)

Princesse Jeanne Marie de Broglie
Baronne Alix de Rothschild
Béatrice Rosenberg
Judith and Samuel Pisar
Claude Bernard
Jean Roudaut
Albert Loeb
Bernard et Jacqueline Gheerbrant
Pierre Berès
Alexander Iolas
Ida Chagall – Franz Meyer
Roberto Matta
Sam Francis
Albert List
Darthea Speyer
Henry Pillsbury et Barbara Watson
Philip W. Pillsbury
Mark Rudkin
Mary Thompson
Benedicte Pesle
Marie-Jeanne Campana
Jean-Marie Drot
William Copley
John de Mesnil
Cardenas
Folon
Nina Beskow
David Hockney
Eberhard Kornfeld
Renée Ziegler
Patrick Waldberg
Michel Butor
Hubert Goldet
Paul Haim
Edda Maillet
Joseph Hirschhorn
Robert Altmann
Béatricia et Éric de Rothschild
Claude Schweisguth
Antoinette Seillière
Sylvia Lorant
Paul et Suzanne Donnelly Jenkins
Roger d'Amécourt et Wayne Brown
Daniel Varenne
Éric Franck
Adriano Ribolzi
James Dyke
Christina Burrus
Harold et Bernice Galef

Bibliographie

Quadrum, nº 10, 1960, Documentation :
« Masurovsky », Jérôme Mellquist
Pour l'art, nº 75, novembre-décembre 1960,
« Pour Gregory Masurovsky », Michel Butor
Studio international, mars 1965,
« Masurovsky – An American in Paris »,
M. C. Lacoste
Cimaise, nº 72, mai 1965, « Masurovsky »,
Georges Boudaille
Art News Annual, 1966,
« American Sanctuary in Paris », John Ashbery
Opus international, nº 26, 1971,
« Masurovsky », interview avec M. Butor
The Malabat Review, nº 36, octobre 1975,
« Western Duo – Commentary »,
Jennifer Waelti-Walters
Obliques, nº spécial, 1976,
« Butor / Masurovsky », G. Raillard,
G. M., M. B., R. Borderie
Obliques, nº 16-17, 1978,
« Les dessins de G. Masurovsky »,
Michel Sicard, M. Butor
NRF, nº 309, octobre 1978,
« Butor/Masurovsky », M. Sicard
Le Bucentaure, nº 8, 1985, « Masurovsky / Butor »
Nouvelles de l'estampe, nº 100, 1989,
couverture et texte de G. M., p. 11
Art et Métiers du livre, nº 175, 1992,
« Masurovsky à livre ouvert », M. Sicard
NRF, nº 488, septembre 1993,
« L'atelier de Gregory Masurovsky »,
Jean Roudaut
Art press, spécial nº 16, 1995,
« La peinture chez soi », J. Roudaut
La Double Origine, « Masurovsky »,
Henri Raynal, p. 23, p. 137,
Éd. Michèle Heyraud, Paris, 1996
Midi, nº 17, 2003, « Masurovsky »,
p. 16 plus trois poèmes de M. Butor
DOSSIER, nº 8, « Gregory Masurovsky – A World
in Black & White », Black Mountain College
Museum & Arts Center, NC, 2004
Paroles de plume,
textes et images de G. Masurovsky, 2004,
Fondation Zervos, Vézelay

Livres de référence

Contemporary Artists,
Hamilton Manor Press, Royaume-Uni, 1977
Who's Who in American Art,
Jacques Cattell Press, États-Unis, 1978-1982
Dictionary of International Biography, vol. XVI, 1979-1980
Who's Who in America, 41e édition 1979-1980, 42e édition 1981-1982
Tendances et Témoignages de l'art contemporain,
Éd. Academia Italia, Parma, 1982
Nouveau dictionnaire biographique européen,
7e éd. Database, Waterloo, 1987
Biography International, vol. II,
Delhi, India, 1988-1989
Black Mountain College – Sprouted Seeds,
Mervin Lane, University of Tennessee, 1990
Who's Who in American Art,
19e éd. R. R. Bowker, 1991-1992
Dictionnaire de l'art moderne et contemporain,
Hazan, Paris, 1992
Le Raspail vert – L'American Center à Paris,
Nelcya Delanoë, Seghers, Paris, 1994
Le Dictionnaire, E. Bénézit, Gründ, 1999

Livres illustrés

Les Chemins de la vie,
Étienne Wolff, Éd. Hermann, 1963
L'Emploi du temps, M. Butor,
Everymans Library, Tokyo, 1963
Litanie d'eau, M. Butor, Éd. La Hune, Paris, 1964
Paysage de Répons, M. Butor,
Éd. Castella, Suisse, 1968
Western Duo, M. Butor, Tamarind Lithography Workshop, Los Angeles, 1969
Seven Poems, Carl Sandburg,
Éd. Associated American Artists, New York, 1970
L'Œil des Sargasses, M. Butor,
Éd. Lettera Amorosa, Belgique, 1972
Le Livre des livres, vol. II, Pierre Lecuire,
Paris, 1983
Whales: A Celebration, Greg Gatenby,
Prentice Hall, Canada, 1983
Nuit blanche, M. Butor,
Éd. A. Harnoncourt – L'Apprentypographe, 1984
Dimanche matin, M. Butor,
Éd. Instant Perpétuel, Rouen, 1985
Iris, M. Butor, Éd. La Garonne, 1987
Envers du double, Francesca Yvonne Caroutch,
Éd. Le Point d'Or, Paris, 1988
Corps à cœur, G. Masurovsky,
Éd. URDLA, Villeurbanne, 1989
Ange de la Baie, M. Butor,
Éd. Jacques Matarasso, Nice, 1992
Précept, M. Sicard, G. Masurovsky
(Livre d'artiste, 2 ex.), Paris, 1993
Uchi-Soto, M. Butor, Pierre Espagne,
Éd. Canevas, Frasne, 1995
V, G. Masurovsky, 1995
Le Pin et le Bouleau, M. Sicard, G. Masurovsky
(Livre d'artiste, 4 ex.), Paris, 1995
AEIOU, G. Masurovsky, 1996
XYZ, G. Masurovsky, 1996
5, G. Masurovsky, 1996
Torse, M. Butor, G. Masurovsky,
quatre eaux-fortes, textes manuscrits,
13 ex., 1996-1997
Paysages américains, Claire Nicolas White,
une eau-forte de G. M., 20 ex., 1997
À la recherche de la rose perdue,
M. Butor, G. Masurovsky, six bois gravés,
textes manuscrits, 13 ex., 1997-1998
Notes on Nothing, textes de Shirley Goldfarb,
un bois gravé de G. M., 1998
Sapiences, M. Sicard, G. Masurovsky
(Livre d'artiste, 4 ex.), Sébeville, 1998
The Book of One Hand, Dawn Michelle Baude,
un bois gravé de G. M., 20 ex., 1998
Vise à vie, G. Masurovsky, 1999
Le Bûcheron subtil, M. Butor, G. Masurovsky,
six bois gravés, textes manuscrits,
13 ex., 1998-1999
En felouque, M. Butor,
une eau-forte de G. M., 20 ex., 1999
Throwaway Thoughts,
textes de Shirley Goldfarb,
une eau-forte de G. M., 2000
Sept, G. Masurovsky,
une eau-forte de G. M., 2000
Les rivages du vingtième siècle s'éloignent peu à peu dans l'Histoire, texte de M. Butor,
un bois gravé de G. M., 20 ex., 2001
Online, texte et eau-forte de G. Masurovsky,
12 ex., 2002
Fièvre, texte de M. Butor,
un bois gravé de G. M., 20 ex., 2002
Deux vies où?, texte et bois gravé de G. M.,
15 ex., 2000
L'Artiste, texte et eau-forte de G. M.,
13 ex., 2003
Diptyque, deux poèmes de M. Butor,
deux linogravures de G. M., 20 ex., 2003
La Femme de feu, poème de Christian Limousin,
une linogravure de G. M. 14 ex., 2003
Trois histoires, textes d'Antide C. de Labriolle,
trois linogravures de G. M., 16 ex., 2004
XX & XXI, deux poèmes de M. Butor,
trois linogravures de G. M., 20 ex., 2004
L'Heure juste, deux poèmes de M. Butor,
deux linogravures de G. M., 20 ex.
La Plume et le Crayon, catalogue raisonné:
G. Masurovsky, M. Butor,
Somogy éditions d'art, 2004
Le Regard du vieux, un poème de M. Butor,
eau-forte de G.M., 20 ex., 2005
L'Année du Coq-U, deux linogravures
et texte de G. M., 13 ex., 2006
Octogénaire, huit dessins de G. M.,
anthologie de poèmes de M. Butor,
Éditions des Vanneaux (tirage courant), 2006
Juste là, poèmes d'Yves Jouan,
couverture et treize dessins (éd. de tête)
de G. M., Éd. Dumerchez (tirage courant), 2006
Les Souvenirs de la marée, poème de M. Butor,
une eau-forte de G. M., 20 ex., 2006
Et maintenant, deux poèmes de M. Butor,
deux linogravures de G. M., 20 ex., 2007
One Week & Other Poems,
poèmes et une linogravure de G. M.,
13 ex., 2007

Vidéofilms

Shirley Goldfarb, 13 min
Réalisation Patricia Gerber, production G. M., Paris, 1981

La Plume et le Crayon, 10 min
Réalisation G. M.,
production Audiovisuel-MNAM, Paris, 1982
Promenade avec une pomme Golden,
14 min. Réalisation G. M., Paris, 1996

Article

« À l'image », G. Masurovsky,
Le Nouveau Recueil, nº 53, p. 135-145,
Champ Vallon, décembre 1999-février 2000

Livres

Carnets-Montparnasse 1971-1980,
Shirley Goldfarb, Éd. Quai Voltaire, Paris, 1994

À la ligne, G. Masurovsky, autoédition,
Paris, 1994

Illustrations

Julot la Fourmi dompteur d'ours, Cécile Loeb,
La Farandole, Paris, 1971
Les Petits Miroirs, M. Butor,
La Farandole, Paris, 1972
Perce-Nuits, Cécile Georges,
Éd. Acropole, Paris, 1983

Illustrations nouvelles

The Guest, Stanley Elkin, *Paris Review,* nº 34,
printemps-été 1965

Performances

Life Class, La Revue parlée,
Centre Georges-Pompidou, 20 octobre 1982,
Paris (avec Lisa Marcus)

Life Class, One-Night Stand,
American Center, 12 mai 1983,
Paris (avec Lisa Marcus)

Conférence

Distinguished Lecturer, Pine Manor College,
MA, 28 octobre 1998, *La Plume et le Crayon*

Un film sur l'artiste

Le Chant du Sergent-Major,
réalisé sur Gregory Masurovsky, dans la collection
« Le Geste de la création », animée
par Bernard Bloch, pour les archives de l'INA.
17 min, 2003

Autoportrait de mon ombre
1997
63 x 48 cm
—

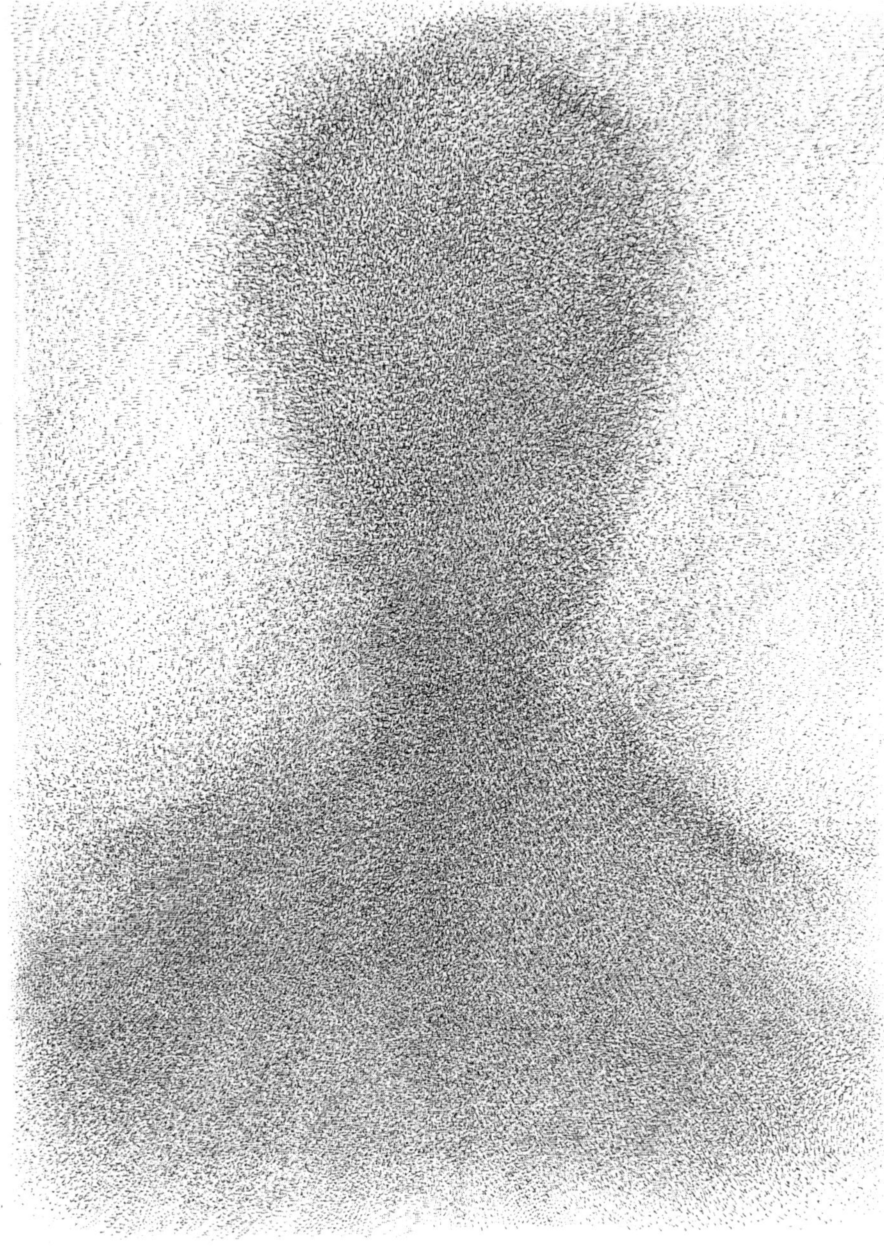

Mes remerciements à
My thanks to

Christina Burrus
Christophe Duvivier
Harold et Bernice Galef
Bernard et Jacqueline Gheerbrant
Antide C. de Labriolle
Claude Schweisguth
James Thompson

Crédits photographiques :
Jacqueline Hyde – couverture ;
p. 6, 9, 12, 15, 24, 35, 37, 40, 50,
63, 64, 71, 76, 80, 81, 82, 83,
88, 90, 105, 111
Marc Jean Masurovsky – p. 60
Gregory Masurovsky (les autres)

La photogravure et l'impression
ont été réalisées par Thirdway
Cet ouvrage a été achevé d'imprimer
sur les presses de Re.Bus (Italie)
en décembre 2007